刘保利 ◉ 编著

港口管理优化决策

大连海事大学出版社

DALIAN MARITIME UNIVERSITY PRESS

图书在版编目(CIP)数据

港口管理优化决策／刘保利编著 . — 大连 ：大连
海事大学出版社，2025. 6. — ISBN 978-7-5632-4667
-0

Ⅰ . U691
中国国家版本馆 CIP 数据核字第 2025UA2653 号

大连海事大学出版社出版

地址：大连市黄浦路523号　邮编：116026　电话：0411-84729665(营销部)　84729480(总编室)
http：//press.dlmu.edu.cn　E-mail：dmupress@ dlmu.edu.cn

大连天骄彩色印刷有限公司印装　　　　　　　大连海事大学出版社发行

2025 年 6 月第 1 版　　　　　　　　　　　　2025 年 6 月第 1 次印刷
幅面尺寸：184 mm×260 mm　　　　　　　　　　　　　印张：8.5
字数：207 千　　　　　　　　　　　　　　　　　印数：1~500 册

出版人：余锡荣

责任编辑：张　冰　　　　　　　　　　　　　责任校对：刘宝龙
封面设计：张爱妮　　　　　　　　　　　　　版式设计：张爱妮

ISBN 978-7-5632-4667-0　　定价：21.00 元

内容简介

在"交通强国""海洋强国"等战略的引领下,近年来,我国大力推动码头功能改造和能力提升、港口智慧化、绿色低碳改造。智能化生产运营管理作为港口转型升级、集约增效、智慧赋能、绿色提质的有力抓手,对挖掘存量资源潜力,提高港口资源利用效率,推动"绿色港口""智慧港口"建设和高质量发展具有重要意义。本书针对港口运营管理中的各类优化问题,从陆侧资源调度、海侧资源调度、港口绿色燃料加注三个方面,系统阐述了港口管理优化决策理论与方法,具体研究了场桥、岸桥、泊位、航道、加注码头等设施设备资源的分配与调度问题,建立了数学模型并设计了基于列生成、分支定价、邻域搜索等框架的智能优化算法,有助于提高当前港口管理决策系统的"智能化"程度。本书注重理论与实践的结合,采用"理论+模型+算法+案例"的结构,在抽象概括的数学表达基础上不乏具体形象的案例分析。

本书可作为高等院校交通运输、系统工程、物流工程与管理、管理科学与工程等专业的本科生、研究生的教材,也可作为港口运营管理人员的参考书。

前　言

　　港口是综合交通运输枢纽，也是经济社会发展的战略资源和重要支撑。如果将世界海运网络比喻为支撑全球经贸活动的"主动脉"，那么港口犹如这个血液循环系统的"集散地"，其运营效率极大影响着世界海运网络的整体运转效能，在全球经济的发展中扮演着不可或缺的角色。

　　改革开放40多年来，我国港口行业取得长足发展，港口货物吞吐量由改革初期的不足3亿吨增长到2023年的170亿吨，连续多年位居世界第一。中国港口更在全球50大港口榜单中占29个席位，成为名副其实的港口大国。在这种背景下，如何进一步提升港口的集约化、绿色化、智能化水平，推动"老港口"焕发"新活力"，助力资源共享、分工合作、协调发展的绿色、智慧港口建设，推进我国由港口大国迈向港口强国，是我国所面临的至关重要、亟须解决的问题，具有非常重大的现实意义。

　　过去10年里，我围绕港口管理优化决策中的诸多关键科学问题开展系统而深入的研究，取得了一些重要的阶段性理论成果。撰写本书的初衷主要来自两个方面：一方面是将我近年来关于港口管理优化决策的研究成果进行总结整理，便于与相关领域的学者交流、讨论；另一方面是对著名学者——镇璐教授所撰写的《集装箱港口运作管理优化问题研究》一书进行延伸和拓展，视角从集装箱港口转移到一般货物港口，重心从港口陆侧资源调度转移到港口海侧资源调度，撰写本书有助于填补这一空白。

　　本书针对港口管理涉及的场桥调度、自动化码头堆场管理、泊位分配、船舶排序、拖船指派、船用燃料加注等决策优化问题，借助运筹优化领域的数学建模与算法设计等理论，提出了一系列数学模型和优化算法，并基于大连港、唐山港、天津港、上海港等地的实际数据开展了数值实验，验证了模型及算法的有效性与实用性。研究成果为我国港口绿色、智慧运营提供理论基础和技术支撑，对优化港口资源配置、化解港口产能过剩、提高港口运营效率、推动港口可持续发展具有重要意义。

　　本书的出版得益于国家自然科学基金青年项目（72301051）、国家自然科学基金面上项目（72371130）、大连海事大学交通运输工程学院、南京理工大学经济管理学院等单位及机构的资助和支持，谨此感谢！

　　需要说明的是，本书为新形态教材，读者可登录云书·云教材平台 https://yunshu.zgxzsj.com/或下载云教材 App 免费浏览配套的数字教材内容，获得更好的交互学习体验。首次登录

该网站或云教材 App 并注册成功后,在首页搜索框内搜索本书,搜到书后点击打开页面,选择
"使用下载码"选项,刮开本书封底的下载码涂膜(本书为一书一码,每本图书只对应一个下载
码),输入 8 位下载码就可以使用本书配套的数字教材。

限于作者的学识和水平,书中难免存在疏漏之处,敬请广大读者批评指正!

刘保利

2024 年 11 月于凌水河畔

目　录

第一篇　绪　论

第四篇 绿色航运下港口新型燃料加注运作研究

第五篇 总结与展望

第一篇

绪　论

第1章

港口运营管理概论

　　港口是连接水陆货运的交通枢纽,是支撑我国"一带一路"、交通强国建设的重要节点,也是推动我国经济社会发展的重要载体。近年来,在外部政策支持、内部需求变革的双向驱动下,我国港口行业保持良好发展势头,港口货物吞吐量连续多年位居世界第一。然而,面对与日俱增的货物贸易需求,加之日益严峻的港口自然资源约束和日趋激烈的国际港口竞争格局,我国港口吞吐能力供给与需求不平衡的矛盾日渐凸显。传统单一码头的资源管理与调度无法满足新形势下我国港口绿色、智慧运营的需要,如何对多码头海侧、陆侧资源科学整合、集约利用和统一调度,提升港口运营效率,增强港口国际竞争力,已成为港口管理者迫切关注和亟须解决的核心问题。要解决这一问题,既要借鉴国际上港口管理优化决策的最新研究成果,也要考虑我国港口生产运营管理的现状。

　　本章首先介绍港口发展概述;其次介绍港口运营管理;再次阐述港口管理中典型优化决策问题;最后介绍全书内容结构。

1.1　港口发展概述

1.1.1　港口的内涵与特性

　　港口是指提供船舶进出、停靠,旅客上下船,货物装卸、驳运、储存,以及维修和燃料补给等服务的区域,包括码头、泊位、堆场、仓库、港池、航道、锚地、防波堤及其他相关设施所组成的水域和陆域。从用途的角度,港口大致分为商业港、工业港、渔港、军用港、避风港五种类型。

　　(1)商业港:供商船靠泊、客货上下、集散和贸易活动的公共性质港口,如集装箱码头、散货码头、滚装码头等;

（2）工业港：附属于大型工矿企业，从事工业生产和加工的专用港口；

（3）渔港：专门服务渔船停泊、装卸、生产及物资补给的港口；

（4）军用港：用于军事用途的港口；

（5）避风港：为船只躲避大风、巨浪等极端海况而设的港口。

商业港，如上海港、新加坡港、釜山港等代表性港口，拥有巨大的贸易量和国际影响力，已成为全球贸易和物流的重要枢纽。本书的港口管理，一般意义上是指商业港的运营管理。

在我国经济高速发展的过程中，许多港口城市深切感受到港口为城市带来的经济效益，因此各沿海地方政府纷纷实施"以港兴城"战略，加大对港口建设的投入，港口得以长足发展。从现代港口发展来看，港口具有以下特性。

1.基础性

港口是重要的基础性设施，是经济发展的基石。港口通过码头、泊位、堆场等设施，实现船舶与车辆、列车（或其他船舶）之间的货物换装，为货物流动提供必要的设施和条件，是物流供应链中不可或缺的一环。许多港口还提供增值服务，如货物加工、分装等，进一步巩固了其在全球供应链中的基础地位。此外，港口基础设施建设不仅为经济发展提供必要的运输通道，还支撑着相关产业的繁荣和城市的发展，直接关系到国家经济命脉、社会稳定乃至国家战略布局和国家安全。

2.枢纽性

港口作为综合交通运输网络中的重要转换点，不仅服务于海上运输，还通过与陆上的铁路、公路等交通网络相连，实现多种运输方式的协同。港口通过整合各种运输方式的优势，为跨国和跨地区的物流运输提供便捷的通道和服务。一些大型港口还建立自由贸易区、物流园区等，将港口的枢纽性从物流领域扩展到经济和商业领域，成为连接全球市场、促进区域合作的中坚力量。

3.综合性

港口的综合性体现在其多功能性和服务范围的广泛性上。作为多种运输方式的交会点，港口具备天然的区位优势，是现代物流服务的关键节点。随着现代物流的不断发展，对流通环节实现装卸、运输、信息服务等多功能整合的需求也日益增强。在这种背景下，现代港口不仅是货物装卸、分拣、转运的换装地，还为船舶提供停泊、维修、物资补给、金融、保险、商贸等全方位配套服务，正逐步发展为综合性物流中心。

4.区域性

港口服务于经济腹地，港口的发展依赖于经济腹地，二者共同组成一个相互依赖、紧密联系的区域。一方面，港口腹地的产业结构和政策导向基本决定了港口吞吐货物的结构、规模、收入；另一方面，港口通过物流网络将腹地与国际市场相连接，为区域产业提供便捷的进出口通道，带动区域一体化发展。同时，港口的发展会吸引投资和集聚人口，带动临港产业和服务业发展，形成产业集群效应。港口的发展还会促进城市基础设施建设和公共服务完善，提升区域整体宜居性和吸引力。

5.不可再生性

港口建设和运营对自然环境造成的影响具有不可逆性。港口通常需占用大量土地和水域，建设时的填海造地、码头修筑，运营时的航道疏浚、泊位改造等工程都会对自然环境造成不可逆

的影响。由于港口资源具有稀缺性和不可再生性,要保护好、利用好港口资源,提高资源配置和使用效率。

6.外部性

港口外部性是指港口生产或经济活动对承受方所产生的影响或效果。因此,港口外部性有外部经济和外部不经济之分。在外部经济方面,港口的建设可以促进贸易活动和货物流通,带动相关产业的发展,创造就业机会,推动区域经济的增长和城市的繁荣;在外部不经济方面,港口的建设和运营会对周边地区和环境造成一定程度的负面影响,如货物运输和装卸过程中产生的空气、水质及噪声污染会影响周边生态环境和居民生活质量。

1.1.2　我国港口的发展历程

与发达国家港口的发展相比,我国港口呈现发展起步晚、发展速度快、发展潜力大的特点。自新中国成立以来,我国港口大致经历了五个发展阶段。

第一阶段:20 世纪 50 年代至 20 世纪 70 年代,为恢复发展阶段。新中国成立之初,我国港口数量稀少、设施落后,主要依靠人力进行货物装卸作业。在这一时期,港口发展处于逐步恢复阶段,全国港口实现生产资料所有制改造,建立了“集中统一、分级管理、政企合一”的水运管理体制,使中国港口重获新生,港口吞吐量从建国初期的 1 000 万吨,到 70 年代首次突破 1 亿吨。

第二阶段:20 世纪 70 年代至 20 世纪 90 年代,为起步发展阶段。随着我国对外关系取得突破,国家对外贸易的旺盛需求与港口吞吐能力的有限供给呈现出不协调的矛盾。于是,周恩来总理在 1973 年提出“三年改变港口面貌”的号召,通过“六五”和“七五”两个五年规划实现港口的新改扩建,我国港口迎来第一次建设热潮。截至 1990 年,仅沿海地区港口的泊位数量就达到近 1 200 个,较新中国成立时的 161 个,增长了近 8 倍,港口吞吐能力显著提高。

第三阶段:20 世纪 90 年代至 21 世纪初,为大建设、大发展阶段。这一阶段是港口管理和交通系统体制进行深化改革的重要时期,国家出台“三主一支持”规划方针,提出 20 个沿海港口枢纽的建设方案,通过“八五”和“九五”两个五年规划完善港口布局,我国港口迎来第二次建设热潮,港口基础设施建设进入大发展阶段,港口设施、能力、规模大幅提升,全国港口生产性泊位数量突破 3 000 个,万吨级泊位占比不断增加,集装箱、煤炭、原油、散粮等货物的装卸、运输设施设备不断完善。

第四阶段:21 世纪初至 2012 年年底,为稳步发展与优化调整阶段。在我国加入世界贸易组织后,为适应新时期我国社会发展的需要,国家重点推进国际航运中心建设及集装箱、煤炭、原油、散粮等重点保障类货物的专业码头和深水泊位、深水航道、深水锚地等设施的建设,持续优化港口设施结构布局。到 2012 年年末,全国港口万吨级及以上泊位达 1 886 个,建成大批专业化码头,专业化泊位达 1 000 个。

第五阶段:2013 年至今,为建设现代化港口新征程阶段。在 2013 年,我国提出了“一带一路”倡议,全国沿海主要港口迎来发展的新机遇。此后,随着交通强国、海洋强国、“双循环”新发展格局等国家战略的部署,港口发展开启了现代化建设的新征程,以数字化、网络化、智慧化为主线,以提效能、扩功能、增动能为导向,以智慧化生产运营管理服务为重点,推动港口大型化、专业化、集约化、绿色化、智能化发展。截至 2022 年年底,全国共有 42 个港口货物吞吐量突破亿吨,全国港口生产性泊位达 21 323 个,其中万吨级及以上泊位 2 751 个、专业化万吨级及以

上泊位 1 468 个,上海港、青岛港、厦门港、天津港等多个港口推进绿色、智慧转型升级初显成效,电动、自动化设备占比稳步提升,无人作业逐步实现常态化。

从世界港口到中国港口,从古至今世界第一大港共出现九次转换。按照时间顺序,世界第一大港依次为:①亚历山大港(埃及),公元前 2 世纪至公元 10 世纪;②泉州港(中国),公元 10 世纪至 1368 年;③威尼斯港(意大利),1368 年至 1484 年;④巴塞罗那港(西班牙),1484 年至 1588 年;⑤伦敦港(英国),1588 年至 1894 年;⑥纽约港(美国),1894 年至 1962 年;⑦横滨港(日本),1962 年至 1986 年;⑧鹿特丹港(荷兰),1986 年至 2005 年;⑨上海港(中国),2005 年至今。中国的上海港于 2005 年首次问鼎世界第一大港,标志着中国作为全球制造业和贸易中心的重要地位。这看似偶然,实则是中国港口发展的必然结果。中国拥有绵长的海岸线和丰富的内河水系,地理位置优越,为海陆联运和国际贸易提供了有利条件,加上我国政府的大力支持与投资,"一带一路"倡议、交通强国等国家战略为中国港口创造了更多的发展机遇。这些因素共同推动着中国港口行业的快速发展和国际地位的提升。

1.2 港口运营管理

1.2.1 港口生产运营过程

港口生产运营是指港口管理者为有效管理和运营港口,科学、合理地组织车、船进出港口,在港货物装卸、搬运、堆放、仓储、转运等各项作业,以实现货物在不同运输方式之间高效换装而进行的一系列管理活动。

港口生产运营是一个复杂的系统工程,涉及多个环节和部门的协作,包括船舶进出港作业、引航与拖船指派作业、泊位分配作业、货物装卸作业、货物堆存作业、设施设备运维作业等多个环节,涵盖了港口的各个方面。在这些作业环节中,港口管理部门、码头作业部门、船舶计划部门、安全保障部门及引航与拖船调度部门等各个部门起着关键作用,通过协作与配合确保港口运营的安全、高效和顺畅。港口生产运营过程如图 1-1 所示。

合理组织港口生产运营过程,对提高港口运营效率、降低货物装卸成本、提升客户服务质量、增强港口竞争力起着至关重要的作用。所谓科学、合理的港口生产运营过程,就是通过集中管理,使整个生产运营过程中各个作业环节相互衔接、紧密协调,保证港口资源在空间和时间上都得到最合理的利用,实现整个生产运营过程经济效益的最大化。

港口生产运营过程可按程序分为生产准备过程、基本生产过程、辅助生产过程、生产服务过程四个阶段(真虹,2009)。在生产准备过程中,港口主要进行基本生产之前的准备工作,包括各作业环节的生产计划编制和计划所涉及装卸工艺、堆存场地、运输设备、货运文件的确认等。在基本生产过程中,港口进行货物从进港到出港所涉及的全部作业,包括卸船、装船、引航、拖带、系泊、解缆、卸车、装车、库场堆存、港内运输及其他生产性作业等。在辅助生产过程中,港口为保证基本生产的顺利进行,对装卸船机、水平运输车、皮带机等设备及堆场、泊位、轨道等设施进行定期维修和保养,并对库场、缆绳等相关设施和工具进行整理。在生产服务过程中,港口提供生活物资供应、燃料补给、船舶检修、垃圾与污水处理等一系列附加服务。值得注意的是,在

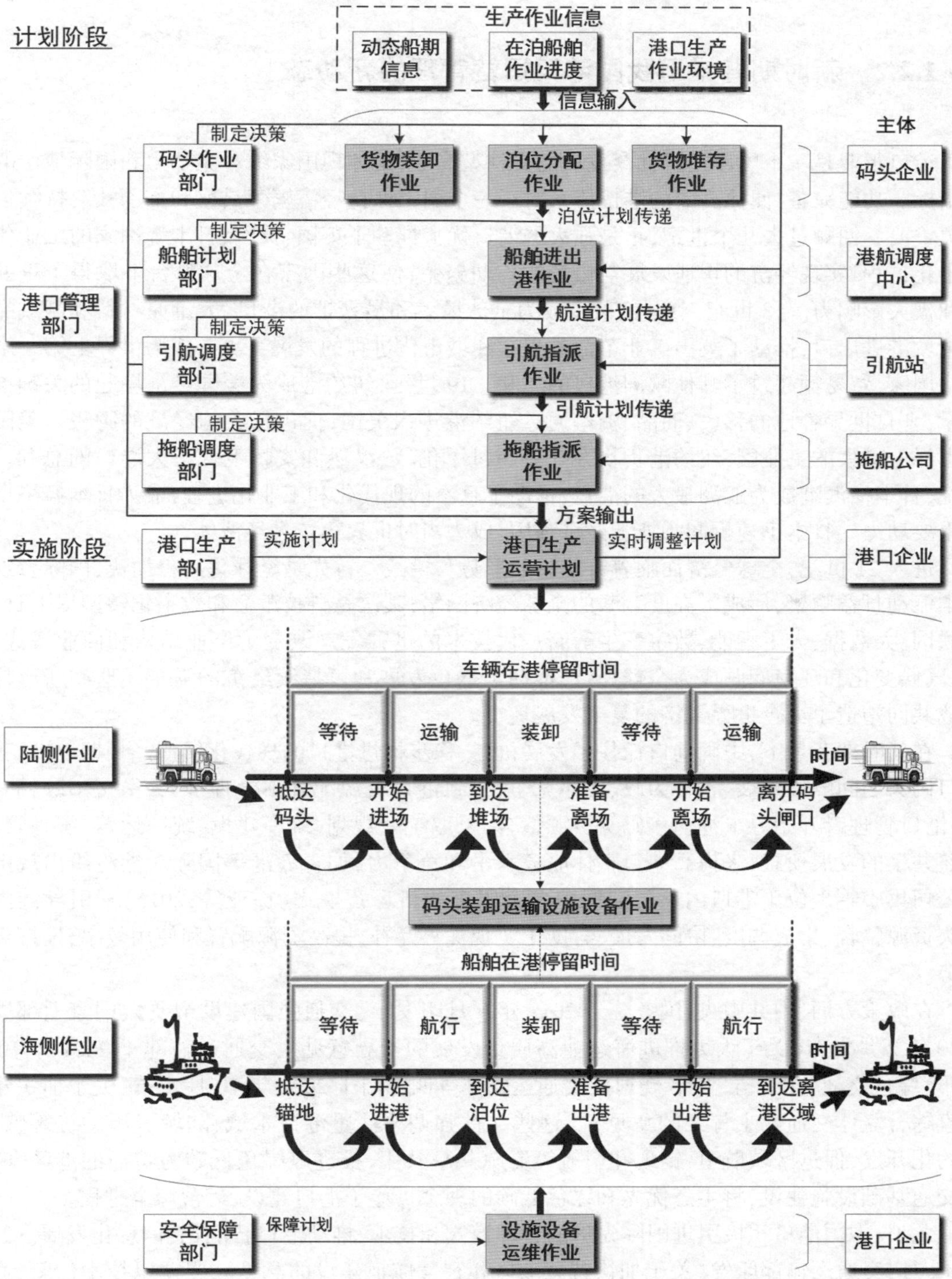

计划阶段

生产作业信息

| 动态船期信息 | 在泊船舶作业进度 | 港口生产作业环境 |

信息输入

主体

制定决策

码头作业部门

| 货物装卸作业 | 泊位分配作业 | 货物堆存作业 |

码头企业

港口管理部门

泊位计划传递

制定决策

船舶计划部门

船舶进出港作业

港航调度中心

航道计划传递

制定决策

引航调度部门

引航指派作业

引航站

引航计划传递

制定决策

拖船调度部门

拖船指派作业

拖船公司

方案输出

实施阶段

港口生产部门 实施计划

港口生产运营计划 实时调整计划

港口企业

陆侧作业

车辆在港停留时间

| 等待 | 运输 | 装卸 | 等待 | 运输 |

时间

抵达码头 → 开始进场 → 到达堆场 → 准备离场 → 开始离场 → 离开码头闸口

码头装卸运输设施设备作业

海侧作业

船舶在港停留时间

| 等待 | 航行 | 装卸 | 等待 | 航行 |

时间

抵达锚地 → 开始进港 → 到达泊位 → 准备出港 → 开始出港 → 到达离港区域

安全保障部门 保障计划

设施设备运维作业

港口企业

图 1-1 港口生产运营过程

港口生产运营中,既要组织好基本生产过程,也要兼顾好生产准备、辅助生产、生产服务过程的组织与管理,因为各过程相互联系、相互制约,共同构成完整的港口生产运营体系。若某一过程出现问题,可能导致生产中断、物流延误,进而影响港口运营效率和客户服务质量。

1.2.2　新时期背景下我国港口运营管理的新动态

　　港口行业是一个国家经济社会发展的支柱型产业,是体现国家综合竞争力和国际地位的重要指标。功能完备、便捷高效的港口体系对于一个国家保持经济繁荣昌盛和推动社会持续创新至关重要。回顾过去几个世纪,正是强大的港口优势推动了英国、美国、日本等国家的工业化和城市化进程,实现经济的快速发展与市场的长期繁荣,使这些国家在全球舞台上取得了重要地位和极大影响力。18世纪,英国伦敦港成为全球最大和最繁忙的港口,大量原材料和制成品通过伦敦港进出口,推动了英国工业革命的兴起和城市化进程的发展。英国成为世界上第一个工业化国家,贸易额超过了其他欧洲港口的总和。19世纪,纽约港成为美国经济崛起的关键推动力量,来自世界各地的移民、商品、资本通过纽约港进入美国,促进了美国经济的腾飞。美国成为世界上最大的工业国,纽约港货物吞吐量超过了伦敦、汉堡和安特卫普三大港口的总和。20世纪,日本横滨港成为亚洲最大的港口,推动了日本的现代化和工业化进程,成为日本经济增长的重要动力。日本迅速崛起为亚洲经济强国,成为当时世界第二大经济体。

　　进入21世纪,全球经济面临着许多新的形势与挑战。首先是全球化进程加快,国际贸易和资本流动日益频繁,形成了高度互联的全球经济网络;其次是科技革命和数字化转型提上日程,物联网、大数据、人工智能、数字孪生等新一代技术的迅猛发展改变了产业结构和商业模式;此外,气候变化和环境问题成为全球焦点,推动了绿色发展和可持续经济的需求。这些新形势和挑战共同塑造了当今世界经济的复杂发展环境。

　　在新时期背景下,中国港口抓住了发展机遇,稳步推进港口的现代化转型。长期以来,我国港口码头之间隔离发展、各自为政、无序竞争,导致港口资源配置不合理、码头衔接不顺畅。于是,港口管理者开始寻求港内多码头资源整合,采取统一规划、统一建设、统一运营、统一管理、收益共享的发展模式,来提高港口整体服务水平和竞争力,如青岛港等国际大港纷纷出现由一家公司集中管理位于港口内不同港区中多个码头的新运营模式(徐亚等,2015)。引导港内多码头资源整合、集成调度、协同发展,有助于实现优势互补,提高资源配置和使用效率,发挥规模优势。

　　在政策方面,中共中央、国务院于2019年9月印发了《交通强国建设纲要》,国家七部委于2020年2月发布《关于大力推进海运业高质量发展的指导意见》,交通运输部于2021年10月发布《绿色交通"十四五"发展规划》,交通运输部等四部门于2022年10月发布《关于加快建设国家综合立体交通网主骨架的意见》。这些文件强调要注重港口水域、陆域资源的统筹整合、集约化开发,促进区域航道、锚地和引航等资源共享共用,推进以绿色低碳为特征的港区、航道等交通基础设施建设,将生态优先和绿色低碳的理念贯穿于港口建设、运营等全过程。

　　此外,中国港口积极引进国际先进的管理模式和技术,推动港口智能化、信息化发展。2023年12月,交通运输部印发《关于加快智慧港口和智慧航道建设的意见》,强调以技术创新、业务流程创新、机制创新全面推动港口和航道转型升级,推进港口、航道信息基础设施建设,强化科技创新与国际交流合作,实现港口生产运营管理智慧化、航道养护智慧化、港口对外服务智慧化。在共建"一带一路"倡议的引领下,中国港口积极拓展国际合作,加强与共建"一带一路"国家的合作与交流,实现了全球港口布局和区域互联的新格局。

面对全球化加速和市场变化的挑战,中国港口灵活调整战略,以"开放包容、创新驱动、合作共赢"为理念,以经济生态可持续发展为目标,注重集约共享、质效齐升,推动资源有效整合、业态开放共享,为经济社会发展提供更为坚实有力的绿色、智慧港口服务保障。

1.3　港口管理中典型优化决策问题

管理决策是企业为实现战略决策对内部管理采取的决策,对财力、人力、物力三大资源的配置是否合理直接影响着企业的生存与发展。现代管理学之父彼得·德鲁克认为:"管理是决策的艺术和实践,管理的核心在于做出有效的决策。"诺贝尔经济学奖得主赫伯特·亚历山大·西蒙指出:"决策是管理的核心内容,决策贯穿于管理过程的始终。"可见,决策是管理的心脏,管理由一系列决策组成。

港口管理优化决策,是综合运用运筹学、管理科学、交通运输等多学科相关理论,建立反映港口生产运营管理中各要素及其耦合关系的数学模型,并通过数学规划、机器学习、智能优化算法、计算机工具对模型进行计算和求解,从而获得最佳决策方案的过程。港口管理优化决策与港口管理决策优化算法密切相关,但各有侧重。优化决策强调基于多学科理论和方法,制定实践可行的最优决策方案,是管理活动的核心;而决策优化算法则是实现这一目标的技术工具,为优化决策提供计算和求解支持。本书以优化决策为主题,重点探讨如何结合实际场景运用优化方法和工具,解决港口管理中的典型优化决策问题。根据决策对象的不同,可将港口管理中的典型优化决策问题分为设备调度问题、堆存计划问题、泊位分配问题、航道运作问题。其中,设备调度问题包括岸桥调度、场桥调度、集卡调度、装卸船机调度等问题;堆存计划问题包括堆存策略计划、堆存空间计划、堆存位置计划等问题;泊位分配问题包括连续型泊位分配、离散型泊位分配、混合型泊位分配等问题;航道运作问题包括船舶排序、拖船指派、引航调度等问题。港口管理中典型优化决策问题分类如图 1-2 所示。

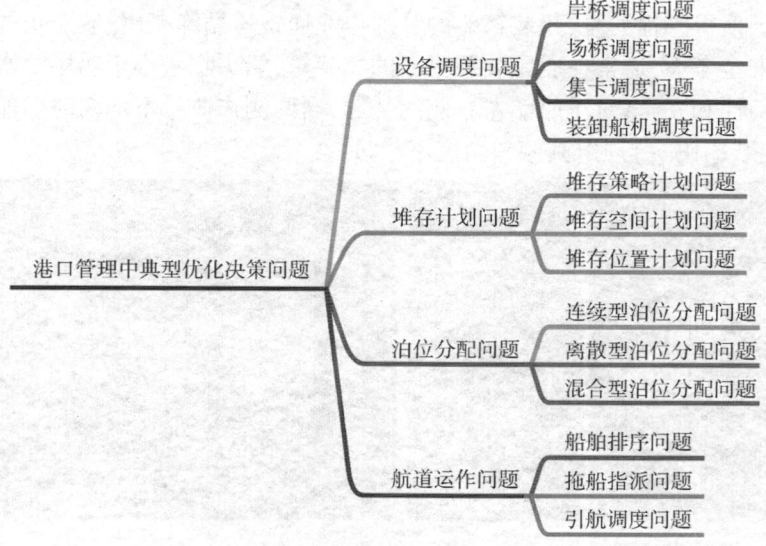

图 1-2　港口管理中典型优化决策问题分类图

1.3.1 设备调度问题

1.岸桥调度问题

岸桥,全称岸边集装箱起重机,简称桥吊,是集装箱码头的专用装卸设备,一般配置在港口码头的沿岸,用于抵港集装箱船的装卸作业(见图1-3)。在装载作业中,集装箱由码头的集卡(集装箱卡车)从堆场运至码头前沿岸桥的下方区域,通过岸桥将集装箱从集卡上吊起并装至船舶的指定配载位置;在卸载作业中,岸桥将船上集装箱吊装至位于岸桥下方等待的集卡上。

图1-3 岸边集装箱起重机

对于多艘停靠集装箱码头的船舶,每艘船的装卸任务可纵向划分为多个船区,一个船区由若干个贝位组成,其中一个贝位对应船舶的横向一排集装箱(见图1-4)。码头结合船区的数量,确定每艘船所需岸桥的数量,通常一艘集装箱船由多台岸桥同步装卸。由于岸桥在作业时位于码头前沿的同一轨道上,彼此之间不可相互跨越且需保持一定的安全间距,因此需考虑各船区的作业顺序,以避免岸桥等待、闲置。此外,在进行岸桥作业时还需兼顾一些实际因素,如频繁作业在同一箱区的集装箱会导致堆场出现区域拥堵,装卸集装箱时需综合考虑船舶稳性及船体纵向受力等。值得一提的是,集装箱船的装卸作业通常遵循卸船尾、装船头的规则,这是因为出于船舶航行安全考虑,通常在船尾装载更多的集装箱,船头吃水小于船尾吃水,卸船尾和装船头可保证船舶稳性和安全;对于船舶左右侧的装卸,当两侧作业量不均衡时船舶会发生倾斜,码头(如大连港集装箱码头)规定其倾斜角度不超过3°。

图1-4 集装箱船舶的船区

岸桥调度问题(Quay Crane Scheduling Problem,QCSP)可描述为:在预知集装箱装卸任务所处位置的条件下,考虑岸桥间不可跨越和安全性约束等现实因素,决策岸桥对于装卸任务的分配及各岸桥作业装卸任务的具体次序和时间,以实现岸边装卸效率的最大化。

2.场桥调度问题

场桥,全称集装箱门式起重机,因主要服务于堆场内的集装箱装卸作业且外形似"门"而得名。场桥分为轮胎式和轨道式两种,传统油驱动的场桥一般为轮胎式,电驱动的场桥大多为轨道式。对于海侧方向,场桥服务于港内集卡(简称内集卡)的装卸箱作业;对于陆侧方向,场桥服务于港外集卡(简称外集卡)的提放箱作业。一般而言,集装箱堆场由若干个箱区组成,每个箱区包括多个贝位、栈位、层,场桥在单个箱区内的移动涉及贝位,场桥的集装箱抓取设备(也称场桥小车)在场桥上的水平、竖直移动分别涉及栈位、层(见图1-5)。

场桥调度问题(Yard Crane Scheduling Problem,YCSP)是集装箱码头最复杂的调度问题之一,除了涉及基本的设备间不可跨越和保持安全距离约束外,还需考虑因集卡提箱顺序与堆存计划不协调而导致的集装箱翻倒作业(简称倒箱)。此外,多箱区因素进一步增加了场桥调度问题的复杂性,场桥对于箱区的分配和场桥转场的时机亦被纳入决策。场桥调度问题的常见优化目标包括:所有外集卡总等待时间最小、内集卡最大完工时间最小、倒箱数量最小等。

图 1-5　集装箱堆场箱区与场桥

3.集卡调度问题

集卡是集装箱转运货物的载货汽车。注意,这里的集卡调度特指内集卡的调度,因为外集卡是提、送箱客户而非港口设备。对于传统集装箱码头,内集卡是指有人驾驶集装箱卡车;对于自动化集装箱码头,内集卡主要分为自动导引车(Automated Guided Vehicle,AGV)和智能导引车(Intelligent Guided Vehicle,IGV)两种,前者基于码头地面的磁钉实现精准定位与导航,后者基于北斗导航系统实现自动驾驶。不管是哪种类型的内集卡,都服务于集装箱在码头前沿和堆场区域之间的往复水平运输作业。内集卡与外集卡见图1-6。

集卡调度问题(Container Truck Scheduling Problem,CTSP)主要涉及堆场内集卡的派遣优化,即决策内集卡对岸桥和场桥之间集装箱运输任务的分配。该问题需考虑内集卡在码头前沿、码头前沿与堆场之间、堆场内部的拥堵情况,其优化目标通常为岸桥等待时间最短。

此外,关于外集卡的作业,传统码头一般以先到先服务为主,随着集卡预约系统的实施,码头将作业时间划分为若干个时段(如大连港以 2 h 为一个时段),外集卡根据提、送箱的时间要

图 1-6　内集卡与外集卡

求选择进码头时段。由此,衍生出外集卡预约配额管理问题,即码头综合考虑堆场内部作业需求,对外集卡在各时段的预约配额进行限制,以避免设施设备不足而导致外集卡在堆场内的排队拥堵。预约配额管理也有助于减小外集卡抵港时间不确定对码头作业的影响。

4.装卸船机调度问题

装卸船机是用于散料码头装卸船的大型机械。在装船作业中,在堆场内堆存的货物通过堆取料机连接皮带机运至码头前沿,再由装船机沿轨道依次装入船舱。装船机仅完成货物从皮带向船舱的输料作业,工艺相对简单。在卸船作业中,卸船机依次对各船舱内的货物进行抓取并卸至皮带机上,再由皮带机将货物运至堆场,通过堆取料机完成货物堆存作业。卸船机需从船舱内抓取货物,工艺相对复杂,常见的卸船机包括桥式抓斗卸船机、链斗式卸船机,分别可实现周期性、连续性卸船动作。不论是装船还是卸船,都需考虑船体纵向受力的影响,若逐次装满/卸空各个船舱,会导致受力不均而破坏船体。因此出于安全考虑,各个船舱每次作业时仅装卸部分货物,通过多次往复作业完成货物的装载和卸载。装船机与卸船机见图 1-7。

图 1-7　装船机与卸船机

装卸船机调度问题(Ship Loader/Unloader Scheduling Problem,SL/USP)是指在考虑装卸船机不可相互跨越、船体纵向受力等因素下,合理安排装卸船机对于船舶的分配、装卸船机在各船舱之间的往复作业顺序,以提高货物装卸效率,缩短船舶等待时间。

1.3.2　堆存计划问题

典型的堆存计划问题(Storage Planning Problem,SPP)主要面向集装箱码头,是指为抵港船卸载的集装箱或外集卡送达的集装箱指派具体的存放位置,主要分为堆存策略计划、堆存空间计划、堆存位置计划三种问题。

1.堆存策略计划问题

堆存策略计划是指根据集装箱堆场的堆存需求,综合考虑集装箱进口、出口、空箱、重箱、特种箱等类型,集装箱堆存高度,船舶到港规律等因素,设计集装箱在堆场的堆存策略,以改进堆场资源的利用率。常见的堆场策略包括分隔堆存策略、混合堆存策略、同一目的地船舶的集装箱混合堆存策略、灵活共享堆存策略等(镇璐,2017)。

2.堆存空间计划问题

堆存空间计划分为长期和短期两种。长期堆存空间计划是指针对集装箱堆场的箱区分布和场桥配置情况,合理安排集装箱对于箱区的分配,保证各作业区域内作业箱量基本持平,促进场桥作业均衡,避免相邻堆存空间作业拥堵。短期堆存空间计划是指在考虑集装箱类型、各箱区之间运输距离,以及岸桥、场桥、集卡等资源配置的基础上,决策集装箱在有限堆存空间内的堆存方案,计划期通常为几小时,以最小化集装箱运输距离和平衡各箱区工作负载。

3.堆存位置计划问题

相较于堆存空间计划,堆存位置计划更侧重箱区内贝位、栈位、层的集装箱堆存优化。在堆场作业中,集卡提箱任务顺序与箱区内集装箱堆存位置不协调会导致大量的翻箱、倒箱作业,如当待提箱上方存在压箱时,场桥需将压箱暂时提起并放置在与待提箱不同的贝位、栈位。为了提取待提箱,可能需进行多次翻倒。因此,堆存位置得当与否,直接影响着堆场的提箱作业效率。

堆存位置计划可概括为:在预知箱区内集装箱存放位置、外集卡到达时间偏好、船舶积载图、船舶稳性等信息的条件下,通过合理地分配每个集装箱在箱区内堆放的贝位、栈位、层的位置,优化集装箱在箱区内的落箱位,减少集装箱的翻箱、倒箱数量和场桥移动距离,提高堆场作业效率。

1.3.3　泊位分配问题

泊位是指港区内专门用于船舶停靠的水域,通常分布在码头前沿的岸边作业区域,占用着一定的岸线。一个港口通常拥有多个泊位,不同泊位具有不同水深,并配备不同装卸设备以服务不同类型船舶。作为港口的重要资源,泊位的分配计划直接影响着港口的运作效率和运营成本。

泊位分配问题(Berth Allocation Problem,BAP)可描述为:如何在计划期内为抵港船舶分配靠泊位置、确定其靠离泊时间,以最大限度地减少船舶等待、周转时间,提高港口生产力。一般

而言,可按泊位的空间布局将泊位分配问题分为连续型、离散型和混合型三种类型(王帆等,2017)。

1.连续型泊位分配问题

在连续型泊位分配问题中,船舶可靠泊在码头岸线内满足靠泊条件的任意位置,靠泊条件通常包括三方面:①泊位水深满足船舶吃水要求;②泊位类型与船舶所装卸货物的类型相匹配,或配置在泊位的设备可服务船舶的货物装卸,如原油码头不同泊位配置输油臂的类型不同,需满足输油臂类型(如低硫、高硫、成品油等)与船舶货物类型的匹配;③船舶的长度、型宽满足限制性泊位的要求,其中限制性泊位是指由于回旋水域不足而无法靠泊大型船舶的泊位。

典型的连续型泊位分配问题在本质上是二维装箱问题,即将连续的泊位岸线和连续的时间视为一个矩形的时空区域,可类比于箱子,将船舶视为需装箱的货物,决策船舶(货物)在矩形区域(箱子)的填充(装载)方案,以实现资源利用率的最大化。在实际中,连续型泊位分配并非数学意义上的连续,因为1 m以内的靠泊偏差对码头生产作业效率影响甚微。由于船舶靠泊后需将缆绳系在缆桩上以维持稳性,船舶在泊位的连续靠泊通常以缆桩的间距(简称桩间距)作为度量,并按船舶长度的120%选择缆桩位置。桩间距一般为十几米,如大连港集装箱码头一、二、三期的桩间距分别为16 m、18 m、20 m,新建的码头为便于服务大型船舶而通常规划更大的桩间距。

2.离散型泊位分配问题

在离散型泊位分配问题中,码头岸线被划分为若干个泊位单元,每个泊位一次仅能停泊一艘满足靠泊条件的船舶,且船舶无法跨越多个泊位进行靠泊作业。离散型泊位的出现是因为政府在统计泊位时不是按照岸线长度,而是依据特定吨级泊位的数量,加上靠泊条件的影响,使泊位的离散化度量具有一定的合理性,有助于降低管理决策的复杂性。在实际中,大多数泊位都仅安排一艘船舶停靠,如钦州港,90%以上的泊位都只服务一艘船舶。

不同于连续型泊位分配问题,典型的离散型泊位分配问题在本质上是一个平行机调度问题,即将离散的泊位视为若干个机器,将船舶视为待加工的工件,决策工件(船舶)在机器(泊位)的加工(服务)次序,以实现作业效率的最大化。

3.混合型泊位分配问题

在混合型泊位分配问题中,码头岸线也被划分为若干个泊位单元,但一艘船可被分配到多个相邻泊位,且最多与其他相邻船舶共享其中(两侧)两个泊位。混合型泊位分配问题是离散型泊位分配问题与连续型泊位分配问题的综合,可视为二维装箱问题或特殊的平行机调度问题,其中"特殊"体现在考虑了同一工件(船舶)需多台机器(泊位)同时加工(服务)、同一机器(泊位)可同时加工(服务)至多两个工件(船舶)的情况。

1.3.4 航道运作问题

航道是指在港口水域中专门用于船舶航行的通道,实现船舶在泊位、港内锚地、港外锚地之间的转移。航道的服务对象是船舶,航道运作问题(Channel Operation Problem, COP)的目标是提高船舶的服务效率,途径包括:①为船舶规划合理的进港、出港、移泊次序,减少船舶等待时

间,提高航道利用率;②为船舶制定科学的拖船指派方案,避免由拖船资源有限所造成的船舶等待;③为船舶分配适合的引航员,提高引航工作效率,保证船舶引航"零待时"。这三种途径分别对应船舶排序问题、拖船指派问题、引航调度问题。

1.船舶排序问题

船舶排序问题是指在考虑船舶安全航行间距的条件下,为进港、出港、移泊船舶安排在航道上的服务次序和时间,以保证船舶的靠离泊按计划进行。船舶安全航行间距可细分为同向和对向间距两种,对于同向行驶的两艘船,间距通常同后船的船长、吨级有关,因为后船为避免与前船碰撞需减速停车,船长、吨级等属性可用于评估船舶的停车冲程,即停船惯性航行距离;而装载危险品等特殊货物的船舶,不论前后,均应设置更大的安全间距。对于对向行驶的两艘船,由于禁止同时在同一航道内通航,一艘船需等待另一艘驶离航道后方可驶入,在航道口会遇时要保持安全间距,该间距同两船属性有关。

由于不同港口的航道配置不同,船舶安全航行间距的影响也不尽相同。对于单向航道港口(如京唐港),由于航道宽度无法满足多艘船并行航行的需要,船舶的进出港过程交替往复,移泊船舶利用空闲时间跟随进出港船舶完成移泊作业,船舶呈现成簇进港、出港、移泊的特点。对于双向航道港口(如洋山港),船舶的进港、出港互不干扰,仅需在同向航行时保持安全间距,而移泊船舶由于同时占用进港和出港航道,需在会遇时考虑航行安全因素。对于复式航道港口(如天津港),在双向航道港口所涉及现实因素的基础上,需进一步考虑船舶上下航道时在多航道之间会遇的情况,并兼顾船舶的航道选择决策。由于港区规划和地理地质等因素的影响,一些航道可能出现分段单向、双向、复式结构,船舶的会遇情况尤为复杂,需合理决策船舶的进港、出港、移泊时间,在保证航行安全性的同时提高船舶服务效率。

单向、双向、复式航道的出现是由于航道宽度的不同。除此之外,航道深度也对船舶排序问题产生显著影响,如一些大型船舶具有较大的吃水,需借助潮汐所带来的水位变化,在涨潮时乘潮进港、在落潮时乘潮出港、在高水位期间乘潮移泊。

2.拖船指派问题

受船长、型宽、吃水等船舶自身属性及风流、泊位、航道、锚地等外在环境的影响,大多数船舶无法实现自主靠、离、移泊操纵,需向港口申请拖船对其进行协助,尤其是大型船舶具有惯性大、冲程大、旋回水域大及舵效迟钝等特点,除靠、离、移泊作业外,船舶在航道内的航行亦需拖船协助。在靠、离、移泊过程中,船舶依靠多条拖船在船首至船尾的不同位置进行顶推、拖拽以缓慢驶入或驶出泊位;在航行过程中,拖船通常在船舶的左右、前后等多个方位进行顶推,以确保船舶沿既定航道航行。

船舶在作业过程中所需拖船的数量不是固定的,船舶在从锚地向航道航行时,由于水域辽阔,一般无须拖船协助。随着船舶沿航道不断向港内航行,水域逐渐变窄、交通逐渐复杂,船舶从起初的不需要拖船变为需要拖船,所需拖船数量从一条逐步增至多条。当船舶抵达泊位附近时,航速降为 1 kn 左右,此时依靠多条拖船共同提供动力实现船舶靠泊,而离港过程与之相反。此外,拖船对于船舶的分配还需考虑马力的限制,大型船舶的作业不仅要求单条拖船的马力不小于最低作业马力,还要求所有拖船的马力之和满足船舶作业的总马力需求。船舶对于拖船数量和马力的要求一般根据船舶的长度确定。在舟山港,拖船包括 3 000 hp、4 000 hp、5 000 hp、6 800 hp 等多个型号,对于一艘需要 6 条拖船、共 30 000 hp、单条拖船最低马力 4 000 hp 的大型船舶,可行的拖船指派方案为:6 800 hp 两条、5 000 hp 两条、4 000 hp 两条。

拖船指派问题可描述为:依据进港、出港、移泊船舶的申报信息,各船需要拖船协助的时间和位置信息,港口的拖船配置信息等,以所有船舶总等待时间最短或所有拖船总油耗最小等为目标,优化拖船对于船舶的指派方案、各拖船服务各船舶的顺序和时机,考虑船舶所需拖船的数量和马力限制、拖船在不同区域之间的转移时间等现实约束,最终给出每条拖船的作业次序和时间。

3.引航调度问题

引航是指由专业的引航人员引领船舶安全航行的行为。船舶是否需要引航主要取决于船舶和航行水域的情况,对于外贸船舶、大型船舶的航行,或无动力平台等特殊设施的拖航,或狭窄水域的船舶通航需强制引航,船方也可根据自身需求向港口提出引航申请。

引航调度一般每天排一次,根据船舶的申报信息,安排引航员从各个始发区域乘坐海上交通艇/引航艇或陆上车辆抵达指定登离船点,上船进行引航。为保证人员的充足休息,港口的引航员一般分为三个班组:一个主班,另一个辅班,还有一个班次在休息(轮班)。每日工作强度通常用任务数量或工作时间反映,如钦州港要求各引航员每日从事进港、出港、移泊船舶的引航次数不超过 3 次,舟山港要求引航员每日实际引航时间不超过 8 h。

引航问题的重点是考虑船舶和人的匹配。引航员分为三级,按船长和货物分类。《中华人民共和国引航员管理办法》规定三级引航员仅能引航 180 m 以下的船舶,180~250 m 的船舶对应二级引航员,250 m 以上的船舶对应一级引航员,二级及以上引航员可参与危化品船舶的引航。关于船舶的引航员数量要求,10 万吨级船舶必须有 2 个引航员,30 万吨级船舶必须有 3 个引航员,大部分船舶都只需 1 个引航员,无动力船或拖航等特殊情况可能需要多个引航员,具体由现场专项会议讨论确定。

引航调度问题可描述为:依据船舶的进港、出港、移泊时间信息,以及登离船点位置信息、港口的引航员配置信息等,考虑引航员等级和数量限制等因素,以所有船舶"零待时"为目标,优化引航员对于船舶的分配。

1.4 全书内容结构

全书共五篇 11 章,包括港口运营管理概论、港口管理优化问题研究综述,港口陆侧管理优化决策,港口海侧管理优化决策,绿色航运下港口新型燃料加注运作研究等主要内容。具体内容涉及集装箱堆场多场桥调度问题、自动化码头岸桥与无人集卡调度问题、不同航道配置下泊位与航道集成调度问题、液化天然气加注码头运作问题等。

全书的结构安排如图 1-8 所示。

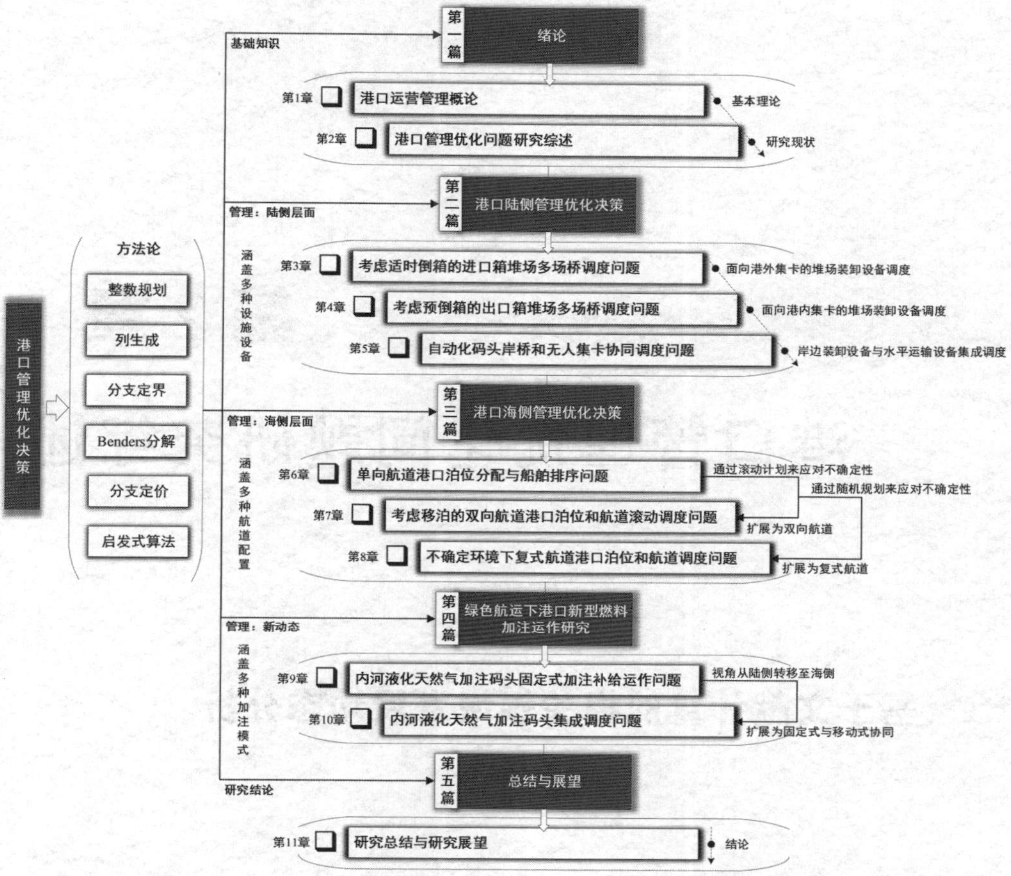

图 1-8　全书的结构安排

第 2 章

港口管理优化问题研究综述

2.1 基于文献计量的相关领域发展动态分析

2.1.1 文献数据来源

在进行文献计量分析之前,本节对港口管理优化决策所涉及的范围做了界定,主要包括港口堆场运作、水平运输系统设计、岸边设备调配、码头能源管理、泊位分配、航道调度、锚地指派及船用燃料加注等方面的优化决策。参考镇璐(2017)《集装箱港口运作管理优化问题研究》一书的文献计量研究,本节选取了国外知名文献数据库 Web of Science 中科学引文检索(Science Citation Index Expanded,SCIE)数据库。文献的检索时间跨度为 1996 年到 2023 年。检索方法如下:

首先,在数据库中选择文献检索范围为"Topic"(即以主题进行检索),并在检索词中输入:"Port operation" or "Anchorage planning" or "Vessel sequencing" or "Berth allocation" or "Berth planning" or "Navigation channel" or "Channel restriction *" or "Tugboat assignment" or "Quay crane" or "Yard crane" or "Yard truck" or "Container terminal" or "Bulk port" or "Bunkering operation" and "ship" or "Energy management" and "Container terminal"。

其次,剔除与本书无关的研究,将 Urology Nephrology、Tropical Medicine、Statistics Probability、Soil Science、Respiratory System、Radiology Nuclear Medicine、Medical Imaging、Psychology Applied、Oncology、Medicine General Internal、Materials Science Coatings Films、Infectious Diseases、Geography、Forestry、Business、Biochemical Research Methods、Surgery、Plant Sciences、Zoology 等不相关的研究类别剔除。

最后,选择文献类型为"Article"。因为与其他来源的研究相比,"Article"类型下的文献更适合作为文献计量的样本数据。得到相关文献 1 819 篇。

2.1.2 文献计量分析

针对所获得的 1 819 篇文献,从时间(发表年份)、空间(国家和地区)、期刊分类、核心学者、核心研究单位、研究主题等多个方面,进行文献计量分析。

1.时间上的文献统计

图 2-1 统计了近 28 年来有关港口管理优化决策领域的论文数量及其变化趋势。

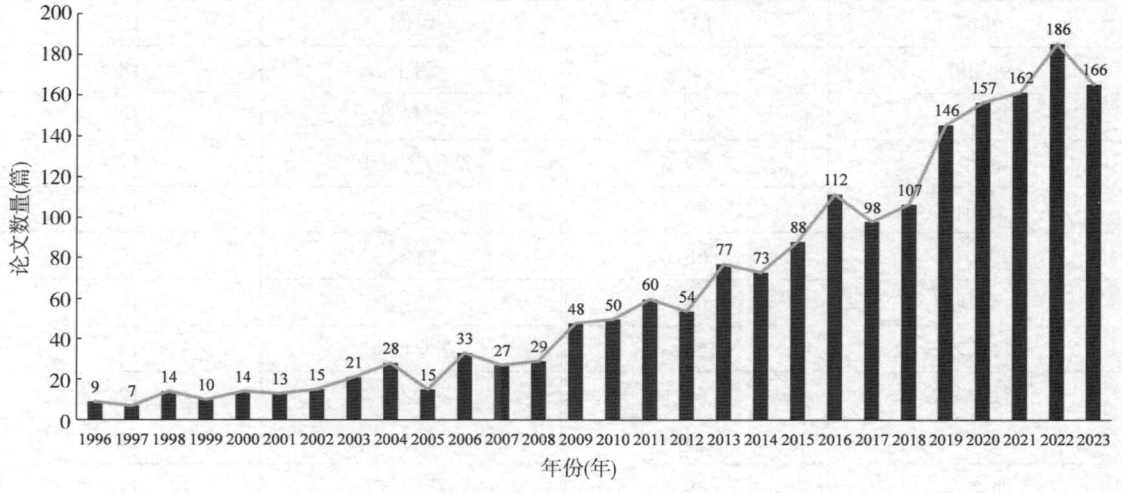

图 2-1 近 28 年来有关港口管理优化决策领域的论文数量及其变化趋势

从最初(1996 年)的 9 篇,到 2023 年的 166 篇,数量增长了近 18 倍。根据年发文量可大致将该领域的发展概括为三个阶段:起步发展阶段、大发展阶段及快速发展阶段。①起步发展阶段(1996—2008 年),在这一阶段论文发表数量相对较少,年发文量为 7~33 篇,只占总数量的 12.92%;②大发展阶段(2009—2018 年),随着世界经济摆脱金融危机的影响而缓慢复苏,相关研究也如雨后春笋般涌现出来,年发文量逐年增长,从 2009 年的 48 篇,到 2016 年首次突破 100 篇,这一阶段的论文发表数量占总数量的 42.13%;③快速发展阶段(2019—2023 年),在这一阶段论文发表数量迅猛增长,仅 5 年时间发表论文 817 篇,占总数量的 44.95%。值得注意的是,2009 年和 2019 年是两个较为特殊的年份,这两年论文发表数量出现明显变化。这是因为 2008 年爆发了"金融危机",而 2019 年发生了"中美贸易战"并于年末出现了"新冠疫情",对世界经济产生了重要影响。航运业历来被看作世界经济波动的"晴雨表",世界经济的波动对航运业以及港口管理的发展产生了冲击,进而影响了港口管理优化决策研究的发展趋势。最后,从总体趋势来看,港口管理优化决策领域的论文数量始终保持着上升趋势,表明该领域是一个持续受到关注的热门研究领域。

2.空间上的文献统计

表 2-1 展示了 WOS 数据库中港口管理优化决策领域论文发表数量排名前 40 位的国家和

地区。从中可以看到,中国在该领域占有绝对的优势,发表论文数量排名第一,达745篇;美国(264篇)仅次于中国位居第二,韩国(121篇)、新加坡(120篇)及德国(101篇)紧随其后;其他国家和地区论文发表数量均少于100篇。从这一数据不难发现,作为发展中国家,与美国等发达国家相比,中国在港口管理优化决策领域的研究成果处于领先地位。韩国和新加坡虽位居第三位和第四位,但与中国和美国的差距十分明显。从表2-1还可以看出,论文发表数量排名靠前的国家和地区都在港口管理和航运产业等相关领域具有显著优势。

表2-1　WOS数据库中港口管理优化决策领域论文发表数量排名前40位的国家和地区

国家/地区	论文发表数量	国家/地区	论文发表数量
中国	745	希腊	21
美国	264	摩洛哥	21
韩国	121	伊朗	19
新加坡	120	瑞士	18
德国	101	比利时	17
荷兰	99	斯洛文尼亚	17
法国	69	智利	15
英国	68	挪威	14
澳大利亚	66	越南	14
西班牙	66	克罗地亚	14
意大利	65	埃及	12
日本	55	瑞典	11
加拿大	49	新西兰	11
巴西	46	印度尼西亚	10
葡萄牙	33	墨西哥	10
印度	30	塞尔维亚	9
丹麦	28	南非	7
土耳其	25	马来西亚	7
阿拉伯联合酋长国	24	卡塔尔	6
波兰	23	爱尔兰	6

对论文发表数量排名前10位的国家和地区进行进一步统计分析,如表2-2所示。其中,发达国家占9个,发展中国家仅1个。可以看到,中国虽是发展中国家,但其论文发表数量(624篇)几乎相当于其余9个发达国家论文发表数量的总和(631篇),表明中国在该领域的研究已步入发达国家乃至世界的前列。图2-2进一步绘制了2014—2023年排名前10位国家和地区的论文发表数量变化趋势图。

表 2-2　港口管理优化决策领域文献按发达国家和发展中国家分布(前 10 位)

类型	国家	年份										合计
		2014	2015	2016	2017	2018	2019	2020	2021	2022	2023	
发达国家	美国	5	13	15	16	20	14	27	12	23	10	155
	韩国	1	7	6	2	3	3	11	9	13	9	64
	新加坡	4	7	4	6	8	4	11	9	7	7	67
	德国	4	2	8	11	8	14	6	6	7	7	73
	荷兰	6	6	8	9	9	8	7	11	7	7	75
	法国	3	5	4	5	4	7	7	8	6	7	56
	英国	2	7	3	3	3	5	8	4	11	7	53
	澳大利亚	3	4	3	6	3	6	4	1	5	2	40
	西班牙	5	2	5	7	2	9	9	4	3	3	48
	小计	33	53	56	65	62	70	91	63	82	56	631
发展中国家	中国	28	40	43	29	54	74	64	81	112	99	624

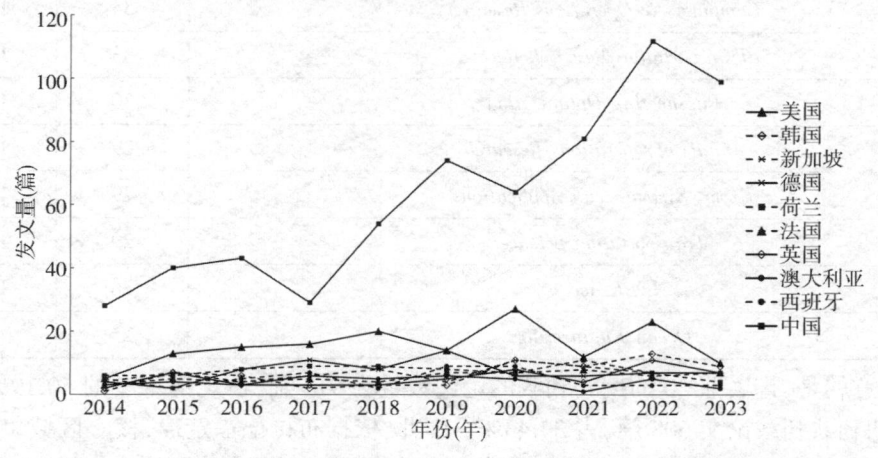

图 2-2　2014—2023 年排名前 10 位国家和地区的论文发表数量变化趋势图

从图 2-2 可以看到,中国的发文量虽在个别年份有所减少,但整体上呈现逐年递增态势,且在 2017—2023 年增速最为明显;而对于除中国以外的其他国家,其年发文量基本维持不变。相较于排名第二的美国,中美年发文量在 2017 年最为接近(中国 29 篇,而美国 16 篇),相差不到 1 倍。但到 2023 年,中国发表论文 99 篇,而美国发表论文仅 10 篇,不足中国的 1/9,展示了中国在港口管理优化决策领域的强劲发展势头。

3.期刊分类文献统计

布拉德福定律是文献计量学中的一个重要定律,主要反映同一学科分类的专业论文在相关期刊信息源中的不平衡分布规律。将相关主题的文献按作者创作数量降序排列,可标记出三个区域,每个区域包括全部文献的 1/3。第一区域即为核心区域,含有少量的高生产力期刊。从

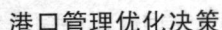
期刊分类角度进行文献统计,1 819 篇论文发表在 309 本期刊上,排名前 20 的期刊见表 2-3。

表 2-3　刊载论文数量排名前 20 的期刊统计表(1996—2023 年)

期刊	数量	占比
Transportation Research Part E: Logistics and Transportation Review	99	5.443%
Computers & Industrial Engineering	92	5.058%
European Journal of Operational Research	86	4.728%
Journal of Marine Science and Engineering	72	3.958%
Sustainability	61	3.353%
Journal of Coastal Research	48	2.639%
Or Spectrum	40	2.199%
Transportation Research Part B: Methodological	39	2.144%
Flexible Services and Manufacturing Journal	36	1.979%
Advanced Engineering Informatics	35	1.924%
Estuarine Coastal and Shelf Science	35	1.924%
Ocean & Coastal Management	35	1.924%
Computers & Operations Research	34	1.869%
Transportation Research Record	33	1.814%
Engineering Optimization	30	1.649%
Annals of Operations Research	29	1.594%
Expert Systems with Applications	29	1.594%
Transportation Science	29	1.594%
IEEE Access	26	1.429%
Ocean Engineering	25	1.374%

值得注意的是,排名前 20 的期刊刊载的论文数量为 913 篇,占全部论文的 50.19%,其中排名前 10 的期刊共刊载论文 608 篇,占 33.43%。因此,依据布拉德福定律,核心区域包括的文献已接近总量的 1/3,可认为关于港口管理优化决策领域的论文已形成相对成熟的核心国际期刊群。

4.核心学者文献统计

核心学者是指在某一学科领域具有重要学术贡献的科研人员(王小华等,2011)。同时,这些核心学者也是期刊学术影响力和竞争力的重要贡献者。在文献计量学中,普赖斯定律可用来确定一个研究领域内的核心学者。基于该定律的核心学者确定步骤为:①统计相关领域学者的发文量;②记录排名第一学者的发文量为 N_{max};③由公式 $M = 0.749\sqrt{N_{max}}$ 计算核心学者的最小发文量;④统计所有发文量不小于 M 的学者,发表论文 M 篇以上的学者即为核心学者。

在 1996—2023 年有关港口管理优化决策领域的文献中,排名第一的学者发表论文 37 篇,即 $N_{max} = 37$。根据普赖斯定律可求得 $M = 4.6$,因此在相关领域发表论文 5 篇及以上的学者即

为港口管理优化决策领域的核心学者。按照发表论文数量排序,发文量不少于 5 篇的学者多达 147 位,为该领域的核心学者群,其中排名前 20 的学者及其发文量和排名见表 2-4。

表 2-4　发文量排名前 20 的学者及其发文量和排名统计表(1996—2023 年)

学者	发文量	排名	学者	发文量	排名
Kim Kap Hwan	37	1	Liu Ming	16	11
Wang Shuaian	34	2	Chang Daofang	16	12
Zhen Lu	30	3	Lalla-Ruiz Eduardo	16	13
He Junliang	25	4	Meng Qiang	15	14
Lee Der-Horng	24	5	Song Xiangqun	15	15
Chew Ek Peng	24	6	Jin Jiangang	14	16
Lee Loo Hay	20	7	Yu Hang	14	17
Diabat Ali	20	8	Wang Wenyuan	14	18
Voss Stefan	19	9	Laporte Gilbert	13	19
Tan Caimao	19	10	Chen Tan Kay	13	20

从表 2-4 可以看到,核心学者的学术产出呈现明显梯度特征:榜首学者发文量达 37 篇,末位学者亦有 13 篇成果。尽管作为新兴研究领域,港口管理优化决策方向已初步形成具有持续产出的核心研究团队,随着港口大型化、专业化、集约化、绿色化、智能化转型升级的持续推进,该领域的研究将受到更多学者的关注,并进一步扩大相关论文的发表数量及研究范围,从而将港口管理优化决策领域的研究推向新水平。

考虑到学者间的合作关系同样是文献计量学的重要研究对象,笔者使用软件 VOSviewer 绘制了部分核心学者的合作关系网络,如图 2-3 所示。可以看到,港口管理优化决策领域的核心学者合作十分密切,在主要的核心学者群中,第一个较大的核心学者群以 Zhen Lu、Wang Shuaian、Lee Loo Hay、Chew Ek Peng 等学者为代表;正上方的核心学者群以 He Junliang、Tan Caimao、Chang Daofang、Yu Hang 等学者为代表。这两个核心学者群通过 Huang Youfang 产生联系。另外,以 Kim Kap Hwan、Liu Ming 等学者为代表形成了正下方的核心学者群;以 Lee Der-Horng、Chen Jianghang 等学者为代表形成了左下角的核心学者群;以 Song Xiangqun、Wang Wenyuan、Guo Zijian、Peng Yun 等为代表形成了右上角的核心学者群;还有部分核心学者群通过 Zhang Canrong、Liu Changchun、Xiang Xi、Yang Yongsheng、Voss Stefan、Lalla-Ruiz Eduardo、Liang Chengji 等学者建立合作关系网络。

5.核心研究单位文献统计

对港口管理优化决策领域中核心(高产)研究单位(或科研机构)的合作关系进行统计,有助于感兴趣的读者了解该领域的前沿研究单位及其合作单位的关系网络,把握研究进展。发表相关论文数量排名前 20 的研究单位见表 2-5。可以看到,发表论文最多的研究单位是上海海事大学,发表 159 篇;其次是新加坡国立大学,发表 91 篇;第三是大连海事大学,发表 77 篇;香港理工大学、釜山国立大学及上海大学表现也较为亮眼,发文量均在 50 篇以上。从表 2-5 还可以看出,在发表相关论文数量排名前 20 的研究单位中,欧洲的研究单位有 3 所,美国有 4 所,而亚洲有 13 所,占据了全球的半壁江山。结果表明,港口管理优化决策领域的核心研究单位集中于

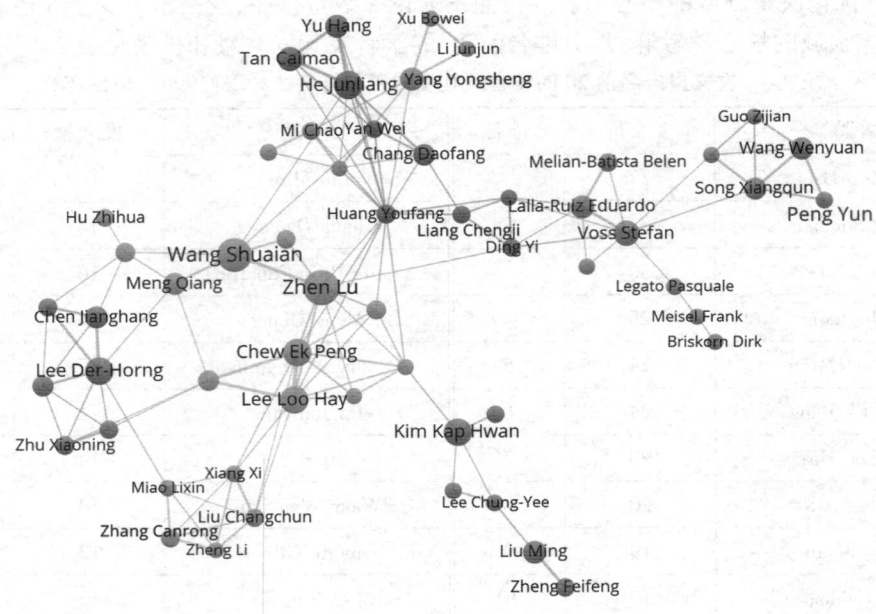

图 2-3　部分核心学者的合作关系网络

亚洲国家,美国和欧洲的相关研究单位在该领域稍显弱势。其中,在亚洲的研究单位中,有 10 所在中国。可见,中国作为发展中国家,在推动港口管理优化决策领域理论创新及其实践应用中起到了重要作用,为该领域未来的发展奠定了良好的基础。

表 2-5　发文量排名前 20 的研究单位统计表 (1996—2023 年)

研究单位	发文量/篇	研究单位	发文量/篇
上海海事大学	159	大连理工大学	35
新加坡国立大学	91	汉堡大学	31
大连海事大学	77	法国国家科学研究中心	30
香港理工大学	69	香港科技大学	30
釜山国立大学	54	美国国防部	29
上海大学	53	北京交通大学	27
代尔夫特理工大学	42	佛罗里达州立大学	27
上海交通大学	41	清华大学	26
同济大学	39	美国陆军工程兵团	26
华东师范大学	38	美国陆军	26

6.研究主题文献统计

对论文关键词的分析能反映出某一领域的研究主题或学术分支,也能表现出研究者对该领域的研究兴趣及领域的研究热度。表 2-6 展示了在港口管理优化决策领域中出现频次排名前 50 的关键词。

可以看到，集装箱码头（Container terminal）位列第一，出现频次达 317（对于多码头，Container terminals，频次为 94，位列第三；对于自动化集装箱码头，Automated container terminal，频次为 54，位列第十），表明大多港口管理优化决策的研究是针对集装箱码头进行的。排名第二的关键词是泊位分配（Berth allocation），出现频次为 137（而泊位分配问题，Berth allocation problem，频次为 62，位列第七），表明在港口运营管理中，泊位分配问题是学者们最关注的优化决策问题。在排名前 10 的关键词中，岸桥调度以频次 54 位列第九，是除泊位分配问题外学者们关注的另一主流优化决策问题。此外，调度（Scheduling）、仿真（Simulation）、遗传算法（Genetic algorithm）、优化（Optimization）分别位列第四、第五、第六、第八，表明大多学者关注港口管理优化决策领域中的调度问题，并通过仿真、优化等方法进行研究，其中遗传算法是最常使用的求解算法。

表 2-6　出现频次排名前 50 的关键词（1996—2023 年）

关键词	频次	关键词	频次
Container terminal	317	Yard crane scheduling	22
Berth allocation	137	Container terminal operations	22
Container terminals	94	Maritime transportation	22
Scheduling	86	Dredging	22
Simulation	79	Quay crane	21
Genetic algorithm	74	Multi-objective optimization	21
Berth allocation problem	62	Maritime logistics	20
Optimization	58	Metaheuristics	20
Quay crane scheduling	54	Column generation	19
Automated container terminal	54	Genetic algorithms	18
Logistics	44	Crane scheduling	18
Quay crane assignment	41	Cranes	17
Heuristics	37	Mathematical programming	17
Integer programming	35	Energy consumption	17
Mixed integer programming	33	Yard template	17
Transportation	32	Yangtze estuary	17
Sediment transport	28	Combinatorial optimization	16
Port operations	26	Integrated scheduling	16
Uncertainty	25	Transshipment	16
Maritime industry	25	Simulated annealing	15
Containers	24	Particle swarm optimization	15
Port operation	24	Green port	15
Heuristic	24	Machine learning	14
Navigation channel	24	Tabu search	13

2.2　港口陆侧资源调度研究现状

港口陆侧资源调度问题是指如何为港口的货物装卸设备、水平运输设备、堆场和仓库等设施科学、合理地制订资源调度计划,提高港口向船舶集货和从船舶疏货的能力。在过去 20 年里,学者们针对集装箱码头的陆侧资源调度问题做了大量研究工作,形成了以岸桥调度、场桥调度、集卡调度及上述三者的集成优化为代表的学术分支。

在岸桥调度方面,Bierwirth 和 Meisel(2010,2015)给出了岸桥调度问题各类细分研究的早期综述。近 10 年来,Al-Dhaheri 和 Diabat(2016)针对岸桥调度问题,考虑岸桥一次作业一个集装箱的精细化调度,构建了混合整数线性规划模型,并开发基于拉格朗日松弛的启发式算法进行求解。Beens 和 Ursavas(2016)进一步针对相同问题设计了精确解算法。由于集装箱船的箱量巨大,针对单个集装箱的岸桥调度问题十分复杂,学者们提出基于贝位(贝位内的所有集装箱)、集装箱组(贝位内的一组集装箱)、集装箱堆(贝位内一个栈位的集装箱)的岸桥调度问题。其中,基于贝位和集装箱组的研究较多,Zhang 等(2017)和 Alsoufi 等(2018)为基于贝位的岸桥调度问题设计了启发式算法,Msakni 等(2018)和 Sun 等(2019)进一步开发了基于图的精确解算法和基于逻辑 Benders 分解的精确解算法。针对基于集装箱组的岸桥调度问题,Chen 等(2014)假设所有岸桥均沿着与船舶朝向相同的方向移动,且在服务期间方向不变,构建了数学模型并设计了启发式算法求解模型。Sun 等(2021)基于相同的假设,考虑船舶稳性的影响,提出了基于逻辑的 Benders 分解算法来优化岸桥调度方案。随着集装箱码头岸桥调度研究的不断深入,学者们考虑的岸桥配置也不断增多,Lashkari 等(2017)和 Zhen 等(2018)针对双吊具岸桥和多轨道式岸桥的调度问题进行研究,并开发了启发式的求解算法。Abou Kasm 和 Diabat(2020)进一步研究了基于集装箱堆的多轨道式岸桥调度问题。考虑不确定性因素对岸桥调度的影响,Chen 和 Bierlaire(2017)将集装箱的不确定作业时间纳入所采用的鲁棒建模方法中,并通过数值实验展示了鲁棒的价值。

在场桥调度方面,研究集装箱堆场场桥调度问题的文献众多,视角各不相同,按场桥作业中处理倒箱的策略不同,可分为三类:①直接规避倒箱,仅考虑场桥抓取待提箱的作业时长。该类研究相对较多,其中 Kim 和 Kim(1999)最早研究了场桥调度问题,构建了单场桥调度问题的混合整数规划模型并设计了启发式算法。Ng 和 Mak(2005a,2005b)进一步设计了分支定界算法。Guo 等(2011)为动态场桥调度问题设计了时间切割和空间切割算法。Huang 和 Li(2017)提出了一种最小化集装箱总加权延误时间的场桥调度系统。Zheng 等(2019)扩展了该研究,考虑不确定的集装箱到达时间,并提出了随机规划方法。Vallada 等(2023)考虑堆存子系统与其他码头子系统之间的交互影响,研究了多个箱区内的单场桥调度问题。Li 等(2009,2012)针对一般堆场单箱区内多场桥调度问题,构建了离散和连续数学模型并设计了滚动时域算法。在此基础上,Wu 等(2015)提出了新的求解算法。②将倒箱时间叠加到提箱作业时间中。边展等(2013)研究了出口箱取箱问题,将压箱按规则依次倒至其他栈位后再提箱。梁承姬等(2014)为混堆堆场内某箱区的场桥调度问题设计了启发式算法。考虑场桥故障的影响,Yao 等(2023)设计了场桥调度问题的启发式算法。③在场桥提箱作业过程中适时倒箱。Park 等(2010)研究了自动

化集装箱码头中两台轨道式场桥的实时调度问题,将倒箱视为独立作业,设计了局部搜索算法;Choe 等(2015)进一步考虑插空倒箱策略,设计了基于堆栈策略的优化算法;郑红星等(2017a 和 2018a)针对进口箱和出口箱堆场内的多场桥调度问题进行研究,考虑压箱的适时倒箱策略及落位对场桥调度的影响,开发了基于和声搜索的混合算法。

在集卡调度方面,众多学者对传统码头的内集卡调度和外集卡预约管理问题进行研究(Nossack 和 Pesch,2013;Hu 等,2019;Abdelmagid 等,2022)。随着智慧、绿色码头建设的不断深入,自动化集装箱码头(简称自动化码头)的集卡调度问题逐渐引起学者们的广泛关注。自动化码头的集卡大多为自动化导引车(AGV),Choe 等(2016)设计了一种基于人工神经网络的在线偏好学习算法,以在动态环境中不断调整 AGV 任务分配和调度策略。考虑集卡的路径冲突与拥堵,Adamo 等(2018)、Wu 等(2022)和 Cao 等(2023)为自动化码头的 AGV 任务分配与路径规划问题开发了启发式算法。Hu 等(2023)进一步提出了一种基于多智能体强化学习的求解方法。现阶段 AGV 主要基于电池供电实现电力驱动,而限于电池容量,需频繁换电或充电。考虑 AGV 换电的影响,李林蔓等(2023)设计启发式算法来优化 AGV 的任务分配和换电时机。针对采用充电模式实现 AGV 续航的自动化码头,Li 等(2023)和 Song 等(2024)开发启发式算法来制定 AGV 充电方案与调度计划。Xiao 等(2024)进一步将换电与充电同时纳入考虑,研究充换电模式下 AGV 调度问题。除 AGV 外,一些学者(如 Nguyen 和 Kim,2009;Gupta 等,2017;Hsu 等,2024)研究了其他类型水平运输设备的调度问题,包括自动升降车(ALV)调度、人工智能运输机器人(ART)调度和智能导引车(IGV)调度等。

在集成优化方面,Yue 等(2021),Fontes 和 Homayouni(2023),Kong 等(2024)针对岸桥与集卡的联合调度问题进行研究,考虑交通拥堵、缓存区容量、岸桥延误成本、集卡速度可变等因素,设计了启发式求解算法。Chen 等(2020)、Zhou 等(2020)、范厚明等(2024)和 Zhang 等(2024)为场桥与集卡协同调度问题构建数学模型,考虑跨越式场桥配置、集装箱同步装卸模式、集卡定位、场桥作业与集卡作业的交互影响等现实因素,设计了分支定界和启发式算法。面向 ALV 和 AGV 两种水平运输设备,Luo 和 Wu(2015),Hu 等(2019)研究了堆场堆存空间和集卡运输路径的集成优化问题,设计了基于遗传和贪婪策略的启发式算法。随着研究的深入,一些学者进一步将港口陆侧的资源调度与海侧的泊位分配相结合,周鹏飞和康海贵(2008),乐美龙和刘菲(2011),梁承姬和吴宇(2017)研究了泊位与岸桥的联合调度问题。陈超等(2014)和李俊等(2020)研究了泊位与堆场联合调度问题。上述研究大多针对传统集装箱码头和自动化集装箱码头。近期,学者们对散货码头和滚装码头的集成调度问题进行研究,其中 Unsal 和 Oguz(2019)研究了出口干散货码头取料机调度和堆场堆存空间分配的集成优化问题,并将其与海侧泊位资源调度相耦合,提出了基于逻辑的 Benders 分解算法。Gao 等(2024)进一步针对自动化矿石码头的运营调度问题进行研究,通过数学模型和列生成算法来优化不同类型货物的存储位置与船舶的靠泊泊位。Zhang 等(2023)为汽车滚装码头中堆存空间分配与转运人力指派的集成优化问题构建了数学模型,并设计了基于列生成和分支定界的启发式算法求解模型。

2.3　港口海侧资源调度研究现状

港口海侧资源调度问题是指如何为港口海侧的泊位、航道、锚地、拖船、引航员等人力与设施设备资源科学、合理地制订调度计划,提高船舶的进出港效率。相关研究可分为泊位分配、航道运作、泊位与航道集成调度优化、锚地配置四个方面。

在泊位分配方面,作为港口的重要资源,泊位的分配计划直接影响着港口的船舶服务效率和运营成本(孙彬等,2013;吴迪等,2018)。在运筹优化领域,有许多经典的运筹学问题及其衍生问题都同泊位分配问题较为相近。例如,将泊位和船舶分别视为货箱和货物的装箱问题(见Baldi 等,2012、2019;Bennell 等,2018;Dell'Amico 等,2020;Gzara 等,2020)、将泊位和船舶分别视为任务和员工的指派问题(见Öncan 等,2019;Frieze 等,2020;Delporte-Gallet 等,2021;Silva 等,2021;Yue 和 Zhou,2021)及将泊位和船舶分别视为机器和工件的机器调度问题(见 Mnich 和 Van Bevern,2018;Wang 等,2018;Briskorn 等,2021;Naderi 和 Roshanaei,2020),这些问题吸引了众多学者的关注。然而,港口的泊位配置随航运市场需求的变化而不断迭代更新,现有研究未能考虑泊位分配问题的独有特征。在文献中,泊位分配问题因其在实践中的重要性而引起学者的广泛关注(综述见 Gharehgozli 等,2016;Zhen 等,2019;镇璐等,2020;Kizilay 和 Eliiyi,2021;Rodrigues 和 Agra,2022)。根据王帆等(2017)的分类,相关研究包括离散型(见 Hansen 等,2008;Golias 等,2010;Zhen,2015;Guo 等,2022)、连续型(见 Zhen 和 Chang,2012;秦天保和沙梅,2013;曾庆成等,2013;Mauri 等,2016;王诺等,2016;Xiang 等,2017;Xu 和 Lee,2018;Park 等,2021)和混合型(见 Kordi 等,2016;Umang 等,2017;Wawrzyniak 等,2020)。近期,由潮汐效应导致的泊位和航道水深变化也引起了越来越多的关注。Barros 等(2011)、Xu 等(2012)、Lalla-Ruiz 等(2016)、Qin 等(2016)和 Ernst 等(2017)在泊位分配问题中考虑了潮汐对泊位水深的影响。Du 等(2015)、Dadashi 等(2017)、Yu 等(2017)和 Jiao 等(2018)研究了潮汐效应对航道的影响,为泊位分配问题引入了船舶乘潮时间窗。

在航道运作方面,现有文献主要从船舶排序、拖船指派、引航员分配、船舶与拖船集成调度视角研究航道服务效率提升问题。其中,Kelareva 等(2014)、Lalla-Ruiz 等(2018)、张新宇等(2018)、Jia 等(2019)、Li 和 Jia(2019)考虑单向、双向、复式航道配置,研究船舶排序问题,构建数学模型并设计约束规划、模拟退火、遗传算法、拉格朗日松弛、列生成等算法求解模型。Kang 等(2020)、Wu 等(2020)、Wei 等(2020)考虑双向和多航道配置,构建拖船指派问题和引航员调度问题的混合整数线性规划模型,并设计分支定价算法和分支切割算法进行求解。Jia 等(2020b)和 Abou Kasm 等(2021)分别针对多航道和复式航道配置下船舶与拖船集成调度问题进行研究,构建数学模型并分别设计基于拉格朗日松弛和约束规划的求解算法。从数量上来看,船舶排序研究最多,拖船指派研究其次,船舶与拖船集成调度研究最少。

在泊位与航道集成调度优化方面,由于泊位和航道基础设施具有建设周期长、新改扩建成本高等特点,其通过能力很难在短期内获得提升,如何设计有效的泊位分配和航道运作计划来提高港口服务效率,逐渐引起学者关注。Zhang 等(2016)研究单向航道港口泊位与航道集成调度问题,构建数学模型并设计模拟退火多种群遗传算法求解。郑红星等(2017b 和 2020)针对

单向航道海港,考虑船舶抵港时间、潮汐、进出港规则和船舶偏好泊位等因素的影响,研究了泊位分配与船舶进出港次序协同优化问题。Xu 等(2018)针对具有航道限制的集装箱港口提出了两个泊位与航道协同优化模型,分别适用于单向和分时段单双向航道。Corry 和 Bierwirth(2019)针对配备长距离航道的内河港口的泊位分配与船舶进出港调度问题进行研究,考虑不同航段的单双向通航限制,提出了数学模型和启发式规则。Jia 等(2020a)研究了集装箱港口的远洋干线船舶泊位分配与支线船舶进出港调度的协同优化问题。近期,Liu 等(2021a、2021b 和 2022)考虑潮汐、多港池多锚地分布、船舶移泊、异质航速、船舶抵港和装卸时间的不确定性等现实因素,分别针对单向航道、单双向切换航道(通航模式随船舶尺度而单双向切换)、复式航道的港口建立泊位与航道集成调度方法。

在锚地配置方面,依方法论不同,国内外学者主要采用排队论和系统仿真方法进行研究。在基于排队论的锚地配置研究中,Jovanovic'等(2005)针对内河港口的锚地配置问题,建立排队模型,以模拟船舶进出港过程并确定锚地规模。明力等(2017)采用排队论计算船舶锚泊保证率和锚地利用率,并基于此建立内河港口锚位需求量计算模型。在基于系统仿真的锚地配置研究中,米小亮等(2012)运用 Simevent 软件对船舶到达率、港口泊位数量、锚地锚位数量等进行仿真分析,以确定最佳的锚地规划方案。近期,一些学者研究了多目标或动态锚地规划问题。例如,Guo 等(2020)运用冗余优化理论,建立以锚地能力可靠性最大和锚地冗余面积最小为目标的多目标规划模型,实现锚地容量规划与设计。Madadi 和 Aksakalli(2020)研究动态锚地规划问题,考虑锚地利用率最大、船舶碰撞风险最低及燃料消耗量最小三个目标,提出基于蒙特卡罗仿真的动态规划方法,以动态、高效的方式划分船舶在多边形锚地内的锚泊锚位。

2.4　本章小结

本章运用文献计量分析方法,从时间(发表年份)、空间(国家和地区)、杂志(期刊分布)、作者(高产学者)、机构(高产研究单位)、主题(学术分支)等多个方面,对近 30 年来港口管理优化决策领域的整体研究情况进行了文献可视化分析,以供感兴趣的学者了解该领域的发展前沿与动态。

在港口陆侧资源调度方面,学者们的关注点逐渐从岸桥调度和场桥调度问题向自动化集装箱码头的无人集卡调度问题进行转变。同时,一方面逐步侧重岸桥、场桥、集卡、泊位及劳动力等多资源的集成调度;另一方面渐次关注散货码头等非集装箱码头的自动化运营。尤其近年来,国内外学者在场桥调度、岸桥指派、集卡路径、集成优化等研究上取得了新的突破,研究方法从传统启发式算法到列生成、分支定价、拉格朗日松弛、Benders 分解等可提供下界的精确解类算法不断深入,考虑因素从货物静态抵达到动态抵达、从堆存空间离散到连续、从集卡到达和集装箱装卸时间固定到随机等方面不断深化,相关模型和算法所能解决问题的规模不断扩大。

在港口海侧资源调度方面,从数量上来看,泊位分配研究最多,航道运作研究其次,泊位与航道集成调度研究相对较少,罕有涉及锚地指派的研究,表明大多数学者更侧重于通过提高港口的泊位或航道服务效率来改善船舶服务质量。此外,现有研究大都仅针对配有一条航道的单码头港口,而忽略了船舶在多码头间于多个不同配置(单向、双向、复式)航道内的交通活动(如

宁波舟山港共有 19 个港区和 40 余条不同等级航道），尤其是船舶可在不同码头泊位间移泊并共享航道和锚地资源。统筹考虑船舶的不同交通需求，对泊位分配、锚地指派、航道选择、拖船调度、航速优化、引航员调配进行集成决策，是未来研究的发展趋势。

第二篇

港口陆侧管理优化决策

第 3 章
考虑适时倒箱的进口箱堆场多场桥调度问题

3.1　概述

近年来,随着集装箱港口竞争的日益激烈,提高港口服务效率和客户满意度逐渐成为相关各方的研究热点。在进、出口箱分开堆放的港口中,进口箱堆场的作业效率直接影响着客户提箱的快慢,研究该类堆场的效率改进策略,是提升港口服务效率的重要途径。场桥作为堆场中最常用的装卸设备,通过对其进行科学、合理的调度来改善港外集卡提箱效率,进而提高客户满意度,是进口重箱堆场亟须解决的问题。

考虑到在进口重箱堆场的实际作业中,压箱对堆场作业效率的影响较大,需给予足够重视。一般而言,只有外集卡抵达过于密集时才直接对待提箱及其上压箱一并作业,仅当堆场的面积和时间充裕时才能实现提前预倒,这两种情况在大多数堆场中并不多见,因此有必要针对进口重箱堆场的一般场景,研究在作业过程中融入适时(恰当的时机)倒箱的场桥调度问题。

3.2　进口箱堆场多场桥调度问题背景

集装箱堆场由若干个箱区组成,其中箱区因堆存集装箱的类型不同,可划分为进口箱区和出口箱区,而在每类箱区中重箱和空箱一般不混放,本章仅研究进口重箱箱区。集装箱在箱区中的位置可用贝位、栈位及层(高)来表示。竖直堆存的若干集装箱组成栈位,位于同一水平方向的若干栈位组成贝位,如图 3-1 上侧所示。在进口重箱箱区中,堆场可获得一段时间内的外集卡抵达和提箱信息,以该时段为计划期,则单个计划期内各待提箱上压箱的信息已知。考虑外集卡等待容忍限度,基于外集卡司机作业条件,设定外集卡在箱区的等待下限;基于箱区通道的交通情况和安全隐患,设定外集卡在箱区的等待上限。

由于单个计划期内待提箱上压箱的信息已知,为减少场桥重复移动、充分利用外集卡抵达间隙,可适时进行倒箱。图 3-1 下侧为进口重箱箱区内 6 个贝位示意图,负责该部分贝位的场桥在计划期初位于贝位 1,其中 1~9 号主任务箱为待提箱,对应提箱外集卡的就绪时刻已知,其编号按时间先后设置。当提取 1 号箱的外集卡未抵达时,场桥可利用空闲时间翻倒 4、5、7 和 1号箱上的压箱(子任务箱);当 1 号箱被提取后,假定场桥的下一提箱目标为 2 号箱,场桥可利用外集卡的抵达间隔对 6 号或 2 号箱上的压箱进行翻倒,即对待提箱的作业可能不是提箱作业,而仅是为提取其他待提箱的倒箱作业,之后在恰当时机提箱。

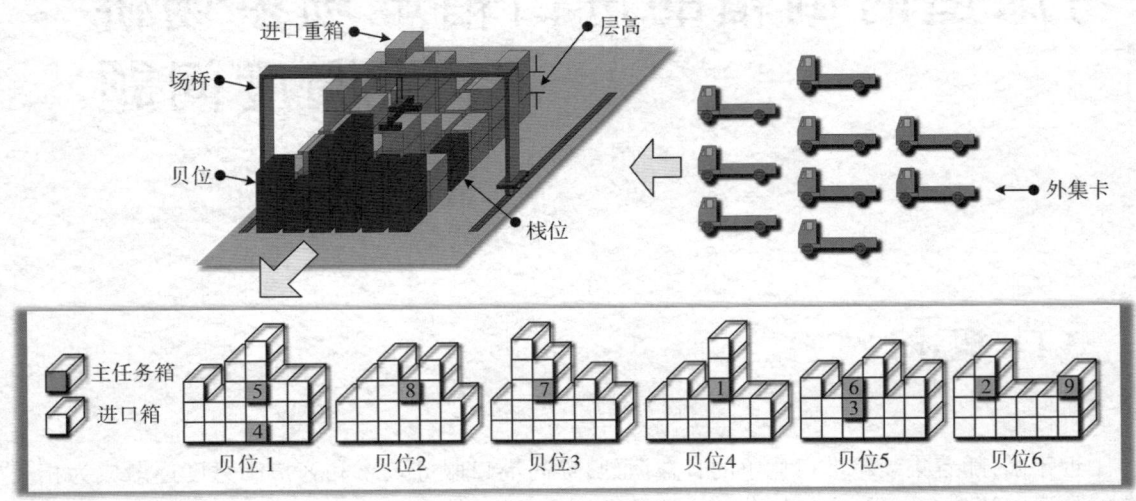

图 3-1　进口重箱箱区作业图

本章问题可表述为:获知计划期内预计抵达进口重箱箱区的外集卡相关信息后,针对该类箱区的多场桥调度问题,以计划期内所有外集卡的总等待时间最小为优化目标,兼顾所有外集卡超过等待容忍限度的总时间,集成优化待提箱的提箱次序、其上压箱的翻倒时刻和实时落位,考虑在多台场桥作业中需保持安全距离和不可跨越等现实约束,最终给出计划期内每台场桥的实时行走路径和作业次序。

由于考虑适时倒箱的多场桥调度问题极其复杂,需大量约束来反映不同任务箱之间的关系,模型非常烦琐,且无法被有效求解(因为不考虑倒箱的多场桥调度模型在 20 个箱子的小规模算例下已很难求解),因此为便于读者理解,本章未给出烦琐的数学模型。在第 4 章中,本书将场桥调度问题表示在图上,提出了出口箱区多场桥调度的完整数学模型,感兴趣的读者可参考学习。

3.3　混合算法

考虑到进口箱堆场多场桥调度问题的复杂性,本章定制遗传算法、禁忌搜索算法、和声搜索算法相融合的方法(简称 GTH)求解问题。具体而言,GTH 采用和声搜索算法作为总体框架,并引入动态参数,使算法在不同迭代时期具有不同的搜索性能;为扩大解空间搜索范围,引入遗传算法的交叉变异策略;为提高算法后期的局部搜索精度,引入禁忌搜索算法,实现算法后期禁忌搜索与改进和声的并行搜索。GTH 算法流程见图 3-2,其中 HM 为个体记忆库。

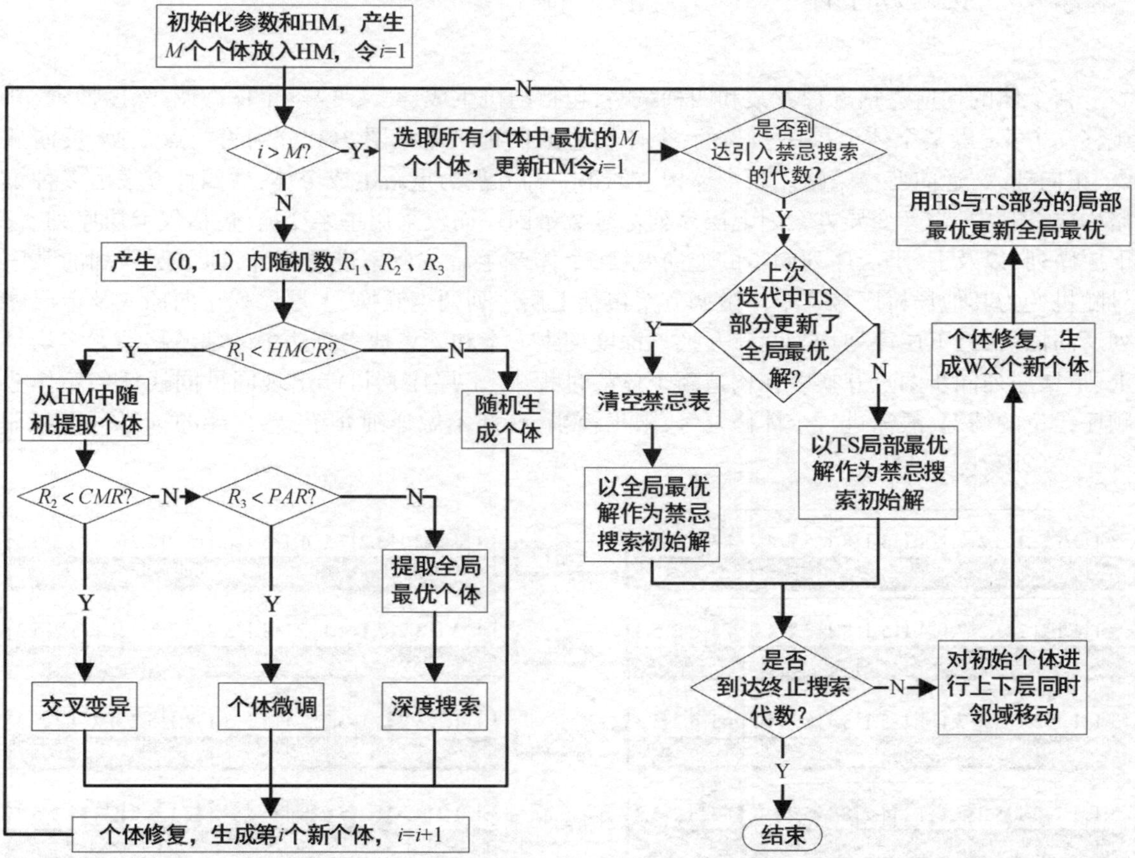

图 3-2　GTH 算法流程图

3.3.1　初始化个体记忆库

考虑到各任务箱间有作业顺序约束,第 i 个主任务箱及其子任务箱的标号 i,j 依次保持作业顺序(即同贝同栈任务箱的先后作业顺序)。个体记忆库初始化步骤如下:

步骤 1 输入各任务箱的信息,令 $i=1, k=1$。

步骤 2 提取第 i 个主任务箱及其子任务箱,并按栈位 j 由小到大生成 $i.j$,作为个体 k 的临时上层序列。

步骤 3 提取第 $i=i+1$ 个主任务箱及其子任务箱,并按栈位 j 由小到大生成 $i.j$,再随机插入个体 k 的临时上层序列中。

步骤 4 若 i 小于主任务箱数,则转至步骤 3;否则,个体 k 的临时上层序列作为其最终上层序列,随机生成其下层序列的场桥序号,令 $k=k+1$。

步骤 5 若 k 达到个体记忆库上限,则令 $i=1$,转至步骤 2;否则,结束。

3.3.2 构造新个体

新个体的构造囊括五种方案和四种策略,包括随机生成、交叉变异、个体微调、深度搜索、邻域移动方案;以某个体上层序列为例,个体构造的四种策略见图 3-3,分别为两点互换、反向插入、正向插入、逆向变换策略。新个体构造的第一种方法为重新生成个体,后四种方案由多种策略构成。其中,交叉变异方案因上层序列标号数量固定而仅采用单亲变换,包括仅上层序列、仅下层序列,以及上、下层序列同步的逆向变换,个体产生后按概率进行变异,即下层序列的某序号随机变为其他场桥序号。个体微调方案包括上层序列两点互换、上层序列正向插入及上层序列反向插入,且下层序列均为两点互换。深度搜索方案和禁忌搜索算法中的邻域移动方案均是上、下层序列同步两点互换。在构造新个体的过程中,上层序列可能出现同贝同栈任务箱作业顺序错位的情况,故需进行个体修复等,限于篇幅,在此不做详细介绍,感兴趣的读者可参考郑红星等(2017b)。

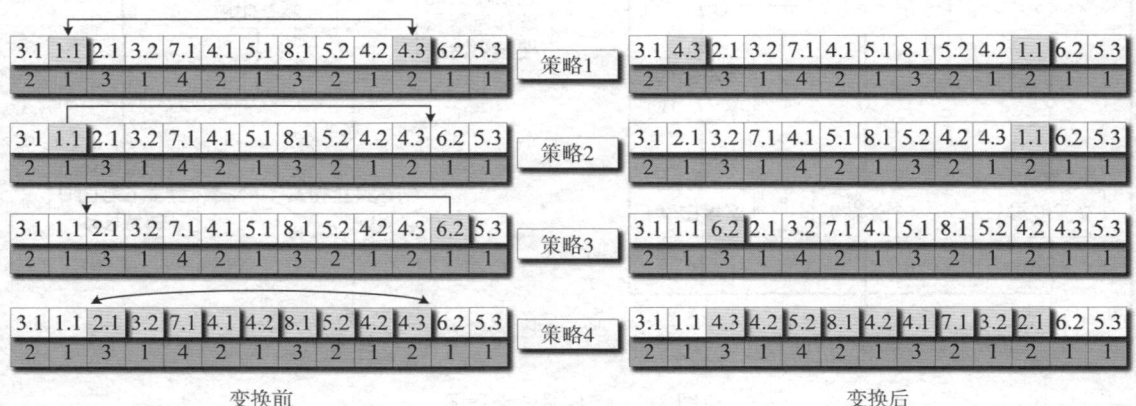

图 3-3 上层序列变换策略示意图

3.4　下界

本节探索原问题的下界。下界问题在原问题基础上忽略场桥移动时间及场桥间干扰,并将同贝同栈任务箱拆分成多个仅含一个主任务箱的集装箱组(压箱仅为子任务箱)。命题 3.1 展示了下界的有效性。由于空闲场桥可在任务箱需要作业时立即就位,故下界中不存在落位问题的影响。

命题 3.1:在忽略场桥移动时间、场桥间干扰,并转化同贝同栈任务箱后,新问题的最优解必位于原问题最优解之下。

证明:首先,新问题(即下界问题)忽略场桥间干扰,使场桥作业范围扩大,进而将解空间放大。其次,下界忽略场桥移动时间,在相同作业方案下缩短了作业各任务箱的等待时间。最后,在同贝同栈任务箱转化后,作业全部任务箱所需的时间维持不变或变少。综上,下界问题的最优解必位于原问题最优解之下。证毕。

下界计算步骤如下。其中,当前时刻不可作业箱包括当前时刻被压在某任务箱之下的箱、外集卡就绪时刻晚于当前时刻加上一个倒箱时间的主任务箱,其余均为当前时刻可作业箱。

步骤 1　将当前时刻可作业箱随机分配至空闲场桥,可作业箱中的主任务箱优先(按外集卡就绪时刻先后)分配,若其主任务箱对应外集卡就绪时刻晚于当前时刻,则按"特例规则"处理可作业箱,转至步骤 2。

步骤 2　当可作业的主任务箱分配完毕(或没有主任务箱)时,若存在空闲场桥,则转至步骤 3;否则,转至步骤 4。

步骤 3　将主任务箱上可作业箱随机分配至空闲场桥,按主任务箱对应外集卡就绪时刻的先后作业,转至步骤 4。

步骤 4　若所有箱均已完成作业,则结束,输出下界值;否则,将当前时刻滚动至出现一台空闲场桥的时刻,转至步骤 1。

3.5　案例分析

据天津港等地的调研可知,70 贝、6 栈、5 层的大型集装箱箱区一般配有 2~3 台场桥作业。以常见的 16 贝、6 栈、5 层进口重箱箱区为例,假设箱区内有两台场桥作业,场桥相关信息如下:跨距 6 栈,堆垛高度 5 层,移动时间 0.05 分/贝,倒(提)箱时间 2 分/箱,作业安全距离 3 贝。结合港口调研数据设置等待下限为 30 min,惩罚因子为 30;等待上限为 1 h,惩罚因子为 1 000。算法相关参数设定为:(个体记忆库,迭代次数,候选解数,禁忌长度,HMCR,变异率)=(15,3 000,50,9,0.95,0.1)。同时,考虑到算法的交叉变异策略仅在迭代初期改进效果明显,而在迭代后期算法依靠个体微调、深度搜索及禁忌搜索策略进行局部搜索,对 PAR、CMR 两个参数进行改进。通过多次实验对比,采用一次曲线 $Y=k \cdot x+b,(k<0,b>0)$,改进参数 PAR,使其由 0.7 向 0.

1 收敛。采用 Logistic 曲线 $Y=1/(K+a \cdot b^{(F+1-x)})(a>0,0<b<1,K>0)$，改进参数 CMR，使 CMR 值由 0.8 向 0.04 呈 S 形收敛，具体见式（3-1）和（3-2），其中 x 为当前代数。

$$PAR = -0.000\ 200\ 1x + 0.700\ 200\ 1 \tag{3-1}$$

$$CMR = 1/(1.235\ 51 + 2.109\ 5 \times 0.997\ 5^{(2\ 001-x)}) \tag{3-2}$$

本章实验都运行在 3.1 GHz Intel Core 2 CPU 和 4 GB 内存的双核计算机上，算法采用 MAT-LAB R2014a 编码。

为验证本章 GTH 方案的有效性，同未考虑适时倒箱作业，将待提箱上的压箱翻倒和提箱视为不可分割的场桥调度方案（简称 IDP 方案），以及下界对比分析。其中，IDP 方案借鉴文献（郑红星等，2014）的算法求解。

算例原始数据及计算结果见表 3-1。可以看到，GTH 方案同 IDP 方案的目标值相对偏差为 58.28%，这是 GTH 方案中场桥利用提箱的空闲时间对各主任务箱上的压箱进行提前倒箱，并在主任务箱需要提箱时立即就位，导致 GTH 远优于 IDP。由下界计算步骤求得下界值为 30 min，GTH 方案同下界的相对偏差为 0%，表明了方案的有效性。限于本书篇幅，更多实验分析见郑红星等（2017a）。

表 3-1　方案对比表

任务	原始数据					GTH 方案		IDP 方案	
	到达时刻	贝	栈	层	压箱数	完成时刻	等待时长	完成时刻	等待时长
1	4	5	5	2	1	6	2	8	4
2	8	14	5	1	1	10	2	12	4
3	12	4	4	1	2	14	2	18	6
4	16	15	2	1	1	18	2	20	4
5	19	16	4	2	1	21	2	24.05	5.05
6	22	3	5	1	2	24	2	28	6
7	25	11	4	3	1	27	2	29	4
8	28	7	5	1	2	30	2	34.2	6.2
9	34	8	2	1	1	36	2	38.25	4.25
10	37	12	3	1	1	39	2	41	4
11	41	5	1	1	2	43	2	47.35	6.35
12	45	2	2	1	1	47	2	49	4
13	49	13	5	2	1	51	2	53	4
14	53	12	4	2	1	55	2	57.05	4.05
15	57	1	4	1	2	59	2	63	6
目标值	\	\	\	\	\	30		71.9	

注：时间单位为 min。

3.6　本章小结

  本章针对进口重箱箱区内多场桥调度问题,通过减少计划期内所有外集卡的总等待时间,并尽可能杜绝超过外集卡等待容忍限度的现象,进而提高客户满意度。本章考虑了待提箱上压箱的影响,视倒箱仅为提箱的辅助作业而不是它的一部分,并兼顾落位对场桥调度的影响。尤其是本章考虑了多个待提箱位于同贝同栈的情况,这是区别于已有研究的重要贡献。针对问题的特点,提出了改进和声搜索算法。基于大连港、天津港集装箱码头的调研数据,设计数值实验,验证了方案及算法的有效性。

第4章

考虑预倒箱的出口箱堆场多场桥调度问题

4.1　概述

由于我国大多数集装箱港口是进口箱和出口箱分开堆放的,在现有岸边作业系统和水平运输系统一定的情况下,出口箱堆场的作业效率直接影响着整个码头的船舶服务水平。作为堆场中重要的作业设备——场桥,对其如何科学、合理地安排调度来提高码头装船效率,是出口箱堆场亟须解决的问题。

本章问题可描述为:在固定计划期内,某船拟从出口箱堆场某箱区提箱的配载计划已知,考虑待提箱的提箱次序固定(出口同进口的区别)、多台场桥在作业过程中不可跨越和保持一定安全距离等现实约束,侧重作业过程中的实时预倒箱,兼顾内集卡的等待上限,使带有惩罚因子的内集卡总提箱等待时间最小。

4.2　调度模型及下界

4.2.1　调度模型的构建

以某箱区为例,其贝位(Bay)见图4-1,本章将原调度问题转化为图论问题,如图4-2所示。图中:实线框内计划箱节点代表原问题中多主计划箱位于同贝同栈的转化情况;虚线框内计划

箱节点代表原问题中多主计划箱位于同贝异栈的转化情况(若以上两种情况都存在,则仍用实线框表示);1、2 号节点为起点,代表原问题中的场桥;3 号节点为终点,代表原问题中场桥作业完成,不同场桥所对应终点相同;4 至 46 号节点为各贝位计划箱转化后所对应的节点。本章将调度问题转化为由起点出发,遍历全部中间节点,最终汇集至终点的图论问题;同时,在图论问题基础上,引入原问题的各箱间作业约束、场桥作业安全性约束等。

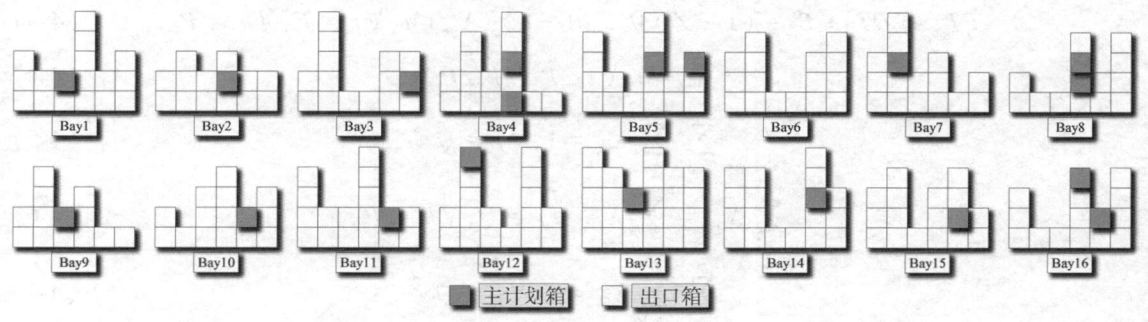

图 4-1　贝位展开图

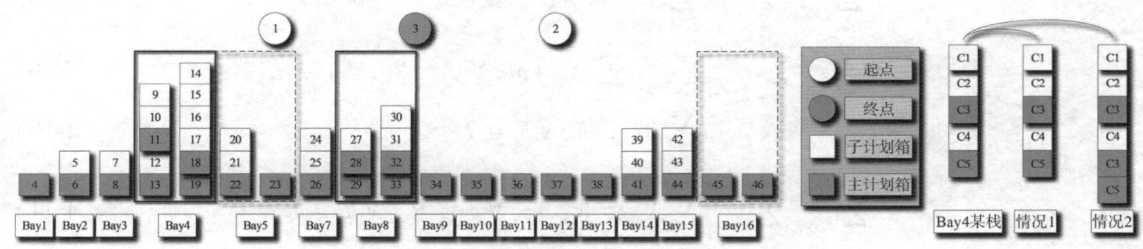

图 4-2　原调度的图论问题

模型参数的定义:M 表示充分大的正数;QT_i 表示 i 箱对应内集卡就绪时刻,不为主计划箱节点时取 M;D_{ij} 表示节点,(i,j) 间的距离,以移动时间衡量;B_j 表示 j 箱的作业时间,不为箱节点时取 0;C 表示内集卡惩罚因子;ξ 表示内集卡等待上限;n 表示计划箱总数;D 表示场桥间安全距离;D_t 表示场桥行走距离 D 所用时长;BW_i 表示 i 箱所在贝位,不为箱节点时取 0;Q 表示实线框外所有计划箱集合;R_h 表示第 h 个实线框内所有节点集合;F 表示所有节点集合;P 表示场桥节点集合;R 表示子计划箱节点集合;R' 表示主计划箱节点集合;FZ 表示虚拟终点集合;P_k 表示 k 场桥为保持场桥作业安全性约束而无法到达的节点集合;m 表示场桥数;L 表示实线框数;Y_{hv} 表示第 h 个实线框内第 v 个节点集合;S_{hv} 表示第 h 个实线框内第 v 个集合的到达边总数;Z_i 为 0-1 参数,表示若第 i 号节点为主计划箱节点则取 1,否则取 0。

模型变量的定义:FT_{ik} 为连续变量,表示 k 场桥作业 i 箱的完成时刻;X_{ijk} 为 0-1 变量,表示若 k 场桥由节点 i 移至节点 j 则取 1,否则取 0;A_{ik} 为 0-1 变量,表示若 k 场桥作业 i 箱的等待时间小于 ξ 则取 1,否则取 0;$C_{ijk'}$ 为 0-1 变量,表示若满足 $FT_{ik'} \geqslant FT_{jk}$ 则取 1,否则取 0;$E_{ijkk'}$ 为 0-1 变量,表示若 k' 场桥作业 i 箱同 k 场桥作业 j 箱的时间冲突则取 1,否则取 0;$G_{ijkk'}$ 为 0-1 变量,表示在 k' 场桥作业 i 箱同 k 场桥作业 j 箱时间冲突的条件下,若场桥间不满足安全性约束则取 1,否则取 0;$P_{ijkk'}$ 为 0-1 变量,表示在 k' 场桥作业 i 箱同 k 场桥作业 j 箱时间冲突且不满足安全性约束的条件下,若 k' 场桥先作业则取 1,否则取 0;W_{hv} 为 0-1 变量,表示若第 h 个实线框内第 v 个集合被遍历则取 1,否则取 0;TT_i 为连续变量,表示 i 箱对应内集卡带有惩罚因子的等待

时间。

基于上述模型假设和符号说明，可构建场桥调度模型如下。

$$[\text{M4.1}]\ \text{Min}Z = \sum_{i \in R'} TT_i \tag{4-1}$$

$$\text{s.t.}\quad FT_{jk} \geq D_{ij}X_{ijk} + FT_{ik} - (1-X_{ijk})M + B_j,\ \forall i,j \in F,\ \forall k \in P \tag{4-2}$$

$$FT_{jk} \geq QT_j + B_j - (1 - Z_j)M - (1 - \sum_{i=1}^{n+m+1} X_{ijk})M,\ \forall j \in F,\ \forall k \in P \tag{4-3}$$

$$X_{ijk} = 0,\ \forall i \in F,\ \forall k \in P \tag{4-4}$$

$$\sum_{k=1}^{m} \sum_{i=1}^{n+m+1} X_{ijk} = 1,\ \forall j \in Q \tag{4-5}$$

$$\sum_{i=1}^{n+m+1} X_{ijk} = \sum_{i=1}^{n+m+1} X_{jik},\ \forall j \in Q,\ \forall k \in P \tag{4-6}$$

$$\sum_{k=1}^{m} \sum_{j=1}^{n+m+1} X_{ijk} = 1,\ \forall i \in Q \tag{4-7}$$

$$\sum_{j \in Y_{hv}} \sum_{k=1}^{m} \sum_{i=1}^{n+m+1} X_{ijk} \leq W_{hv}M,\ \forall v \in R,\ \forall h \in L \tag{4-8}$$

$$W_{hv} \leq \left(\sum_{j \in Y_{hv}} \sum_{k=1}^{m} \sum_{i=1}^{n+m+1} X_{ijk}\right)M,\ \forall v \in R_h,\ \forall h \in L \tag{4-9}$$

$$\sum_{V \in R_h} W_{hv} = 1,\ \forall h \in L \tag{4-10}$$

$$\sum_{j \in Y_{hv}} \sum_{k=1}^{m} \sum_{i=1}^{n+m+1} X_{ijk} = W_{hv}S_{hv},\ \forall v \in R_h,\ \forall h \in L \tag{4-11}$$

$$\sum_{k=1}^{m} \sum_{i=1}^{n+m+1} X_{ijk} \leq 1,\ \forall j \in Y_{hv},\ \forall v \in R_h,\ \forall h \in L \tag{4-12}$$

$$\sum_{i=1}^{n+m+1} X_{ijk} = \sum_{i=1}^{n+m+1} X_{jik},\ \forall j \in Y_{hv},\ \forall k \in P,\ \forall v \in R_h,\ \forall h \in L \tag{4-13}$$

$$\sum_{j=1}^{n+m+1} X_{ijk} = 1,\ \forall i = k,\ \forall i,k \in P \tag{4-14}$$

$$\sum_{k=1}^{m} \sum_{j=1}^{n+m+1} X_{ijk} = 1,\ \forall i \in P \tag{4-15}$$

$$\sum_{k=1}^{m} \sum_{i=1}^{n+m+1} X_{ijk} = 0,\ \forall j \in P \tag{4-16}$$

$$\sum_{k=1}^{m} \sum_{j=1}^{n+m+1} X_{ijk} = 0,\ \forall i \in FZ \tag{4-17}$$

$$\sum_{k=1}^{m} \sum_{i=1}^{n+m+1} X_{ijk} = m,\ \forall j \in FZ \tag{4-18}$$

$$FT_{ik} \leq FT_{i+k'} + (2 - \sum_{j=1}^{n+m+1} (X_{ji+k'} + X_{jik}))M,\ \forall i \in R,\ \forall k,k' \in P \tag{4-19}$$

$$FT_{ik} \leq FT_{jk'} + (2 - \sum_{u=1}^{n+m+1} (X_{ujk'} + X_{uik}))M,\ \forall i,j \in R',QT_i \leq QT_j,\ \forall k,k' \in P \tag{4-20}$$

$$FT_{jk} \leq FT_{ik'} - C_{ijkk'}M,\ \forall i,j \in F,\ \forall k,k' \in P \tag{4-21}$$

$$FT_{ik'} \leq FT_{jk} - (1 - C_{ijkk'})M,\ \forall i,j \in F,\ \forall k,k' \in P \tag{4-22}$$

$$FT_{ik'} \leqslant FT_{jk} - B_j - C_{ijkk'}M - (1-E_{ijkk'})M, \forall i,j \in F, \forall k,k' \in P \tag{4-23}$$

$$FT_{jk} \leqslant FT_{ik'} + B_j - C_{ijkk'}M - E_{ijkk'}M, \forall i,j \in F, \forall k,k' \in P \tag{4-24}$$

$$BW_i \geqslant BW_j + D + G_{ijkk'}M + (1-E_{ijkk'})M, \forall i,j \in F, \forall k,k' \in P \tag{4-25}$$

$$BW_i \leqslant BW_j + D + (1-G_{ijkk'})M + (1-E_{ijkk'})M, \forall i,j \in F, \forall k,k' \in P \tag{4-26}$$

$$FT_{jk} \geqslant FT_{ik'} - B_i + B_j - (1-P_{ijkk'})M - (1-G_{ijkk'})M, \forall i,j \in F, \forall k,k' \in P \tag{4-27}$$

$$FT_{jk} \leqslant FT_{ik'} - B_i + B_j + P_{ijkk'}M + (1-G_{ijkk'})M, \forall i,j \in F, \forall k,k' \in P \tag{4-28}$$

$$FT_{jk} \geqslant FT_{ik'} + B_i + D_t - (1-P_{ijkk'})M - \left(2 - \sum_{u=1}^{n+m+1}(X_{ujk} + X_{uik'})\right)$$
$$M, \forall i,j \in Q, i \neq j, \forall k,k' \in P, k \neq k' \tag{4-29}$$

$$FT_{ik'} \geqslant FT_{jk} + B_i + D_t - P_{ijkk'}M - \left(2 - \sum_{u=1}^{n+m+1}(X_{ujk} + X_{uik'})\right)M,$$
$$\forall i,j \in Q, i \neq j, \forall k,k' \in P, k \neq k' \tag{4-30}$$

$$X_{ijk} = 0, \forall i \in F, \forall k \in P, \forall j \in P_k \tag{4-31}$$

$$FT_{ik} - QT_i - \xi \leqslant (1-A_{ik})M, \forall i \in F, \forall k \in P \tag{4-32}$$

$$FT_{ik} - QT_i - \xi \geqslant -A_{ik}M, \forall i \in F, \forall k \in P \tag{4-33}$$

$$TT_i \geqslant FT_{ik} - QT_i - \xi - (1-A_{ik})M, \forall i \in F, \forall k \in P \tag{4-34}$$

$$TT_i \geqslant (FT_{ik} - QT_i)C - A_{ik}M, \forall i \in F, \forall k \in P \tag{4-35}$$

$$TT_i \geqslant 0, FT_{ik} \geqslant 0, \forall i \in F, \forall k \in P \tag{4-36}$$

其中,式(4-1)为目标函数,表示带有惩罚因子的内集卡总等待时间最小;式(4-2)~式(4-4)保证各场桥作业各计划箱的完成时刻关系,且场桥对主计划箱的提箱需在对应集卡就绪后进行;式(4-5)~式(4-7)保证实线框外所有计划箱均被某一场桥作业一次;式(4-8)和式(4-9)表示变量 W_{hv} 为 1 时,实线框 h 内节点集合 v 的到达边数大于 1,否则其到达边数为 0;式(4-10)~式(4-13)保证各实线框内仅有一个节点集合被遍历,且该集合内所有计划箱均被某一场桥作业一次;式(4-14)~式(4-16)保证各场桥均以对应的场桥节点作为起点,并满足起点的图论约束;式(4-17)和式(4-18)保证终点满足图论约束;式(4-19)保证各栈位的计划箱由场桥从上至下顺次作业;式(4-20)保证主计划箱按集卡到达顺序由场桥依次提箱;式(4-21)和式(4-22)表示场桥作业完成时刻同变量 $C_{ijkk'}$ 的对应关系;式(4-23)和式(4-24)表示场桥间是否作业时间发生冲突同变量 $E_{ijkk'}$ 的对应关系;式(4-25)和式(4-26)表示场桥间是否作业时间发生冲突、是否不满足安全性约束同变量 $G_{ijkk'}$ 的对应关系;式(4-27)和式(4-28)表示在不满足安全性约束的条件下,场桥作业次序同变量 $P_{ijkk'}$ 的对应关系;式(4-29)和式(4-30)指定计划箱作业完成时刻;式(4-31)表示场桥作业范围;式(4-32)~式(4-35)指明带有惩罚因子的内集卡等待时间取值;式(4-36)表示变量取值范围。

4.2.2　下界

本节首先给出近似衡量算法有效性的下界 1,即视主计划箱均可在集卡就绪后直接提箱,而忽略压箱影响。下界 1 存在的必要是:无论何种问题规模均可在多项式时间内给出下界。之后,考虑到下界 1 的质量不高,在原问题基础上松弛场桥间保持安全距离及不可跨越约束,并将

同贝同栈的情况合理转化,由此原图论问题转化为新图论问题(下界2图论问题),见图4-3。下界2可通过从原模型重建(忽略相关约束)得到,限于篇幅而未展示,见郑红星等(2018a)。

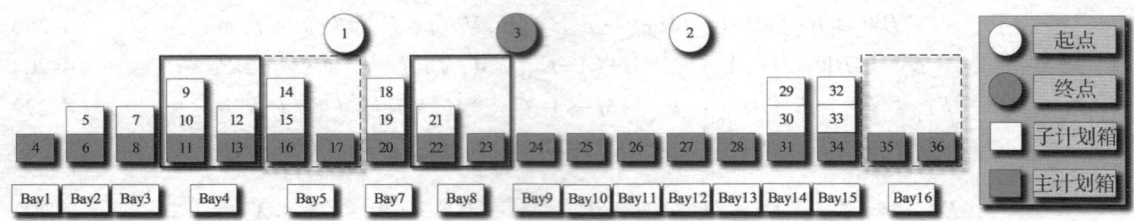

图4-3 下界2图论问题

4.3 混合和声模拟退火算法

4.3.1 算法流程

HAS算法流程见图4-4。其中,HM包括W个个体,且每次迭代产生W-1个新个体,同HM中W-1个非最优个体按模拟退火Metropolis接受准则(见Kirkpatrick等,1983)取舍,并更新全局最优解。

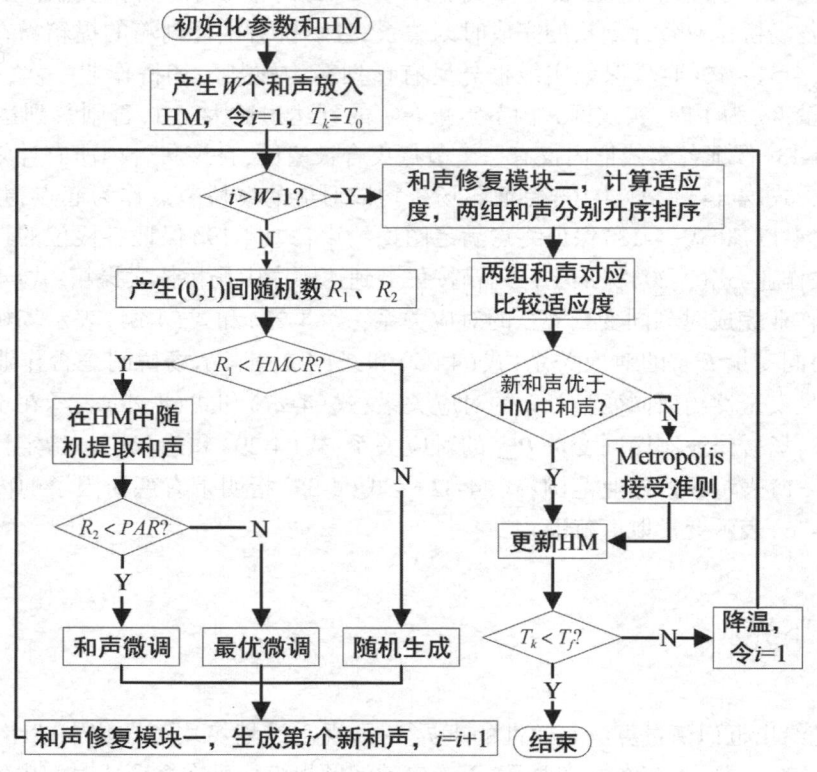

图4-4 HAS算法流程图

本节所用的个体初始化策略同 3.3.1 节中的策略一致。此外,本节算法也引入了动态参数,其中对参数 $HMCR$ 采用反比例曲线 $Y=k/(x+b)+a(k>0,b>0)$ 进行改进,$HMCR=179.982/(T_k+199.97)$;对参数 PAR 采用 Logistic 曲线 $Y=1/(K+ab^x)(a>0,0<b<1,K>0)$ 进行改进,$PAR=\dfrac{1}{1.428+2.1\times0.000\ 05^{T_k}}$,实现算法前期和声前、后段关联性的有效匹配,并增强算法初期的全局搜索能力及算法中、后期的局部搜索能力。

4.3.2　和声微调

采用随机生成、和声微调、最优微调三种规则生成新和声个体。和声微调规则采用两点互换、正向移位、反向移位、逆序变换四种策略。考虑到和声的前、后段之间存在关联性,如果特定区域内集装箱仅可由特定场桥作业,仅由前段和声进行四种策略,会降低最优解产生的概率,因此随机对前、后段和声同步或分开微调。此外,考虑到迭代初期和声前、后段的关联度较低,而在后期和声的前、后段关系基本形成,在算法后期引入最优微调规则,包括上述前三种策略,且均为前、后段和声同步微调。针对各主计划箱及其子计划箱间作业顺序约束、各主计划箱间作业顺序约束、场桥间保持安全距离和不可跨越约束,设计了两种和声修复程序,感兴趣的读者见郑红星等(2018a)。

4.4　案例分析

1.算例原始数据

在出口箱区中,已知计划期内(据天津港等地的实地数据可知,场桥作业计划约 1 h 滚动一次,故取计划期为 1 h)的内集卡提箱信息,如表 4-1 中"原始数据"一栏所示。场桥相关信息如下:跨距 6 栈,堆垛 5 层,移动时间 0.1 分/贝,提箱 3 min,倒箱 2 min,安全间距 3 贝。结合调研数据,取内集卡等待上限 ξ 为 10 min、惩罚因子 C 为 10。

2.算例求解

算法相关参数取值为(降温系数,内循环次数,初温,终温,记忆库大小)=(0.96,30,100,0.01,5),本章所有实验都运行在 3.1 GHz Intel Core 2 CPU 和 4 GB 内存的双核计算机上,采用 MATLAB R2014a 编码。为验证本章方法得到场桥作业方案(HAS)的有效性,分别同先到先服务(FCFS)方案和不考虑实时预倒箱(IDP)的方案(郑红星等,2014)进行对比,如表 4-1 所示。可以看出:FCFS 方案的目标值最大,内集卡总等待时间最大,且有一个内集卡超过等待上限;不考虑实时预倒箱的 IDP 方案效果居中,无内集卡超限,较 FCFS 方案更好,但改进有限;提出的 HAS 方案效果最好,总等待时间较 IDP 方案减小 44.92%,同下界的相对偏差为 1.11%。

表 4-1　方案对比表

任务	原始数据					HAS 方案		IDP 方案		FCFS 方案	
	到达时刻	贝	栈	层	压箱数	完成时刻	等待时长	完成时刻	等待时长	完成时刻	等待时长
1	2	2	4	2	1	5.2	3.2	7	5	7	5
2	6	6	4	1	1	9	3	12.4	6.4	11	5
3	9	12	3	1	0	12	3	12	3	14.6	5.6
4	14	8	4	4	0	17	3	17	3	17	3
5	17	5	4	3	2	20.3	3.3	24	7	24.3	7.3
6	19	14	5	4	1	22	3	24	7	24	5
7	23	9	4	2	1	26	3	29.4	6.4	29.5	6.5
8	27	15	5	2	2	30	3	34	7	37.1	10.1
9	32	10	5	1	1	35	3	37	5	37	5
10	38	13	4	4	1	41	3	43	5	43	5
11	43	4	4	4	1	46	3	48	5	48	5
12	47	13	3	2	1	50	3	52	5	52	5
13	51	7	2	3	2	54	3	58	7	58	7
14	55	9	2	3	1	58	3	63.4	8.4	63.2	8.2
15	57	3	4	2	0	60	3	61.4	4.4	66.8	9.8
目标值	\	\	\	\	\	45.5		82.6		183.4	

注:时间单位为 min。

3.不同规模下的算例比较实验

为验证算法的有效性,执行不同规模算例的比较实验,结果见表 4-2。可以看出,在小规模算例下,目标值同下界 1 的平均相对偏差为 4.88%,同下界 2 的平均相对偏差为 0.35%,表明提出的 HAS 算法在小规模算例下具有较高的求解质量。在大规模算例下,目标值同下界 1 的平均相对偏差为 9.13%,同下界 2 的平均相对偏差为 4.16%;在无法获得下界 2 的最后 6 个算例中,目标值同下界 1 的平均相对偏差控制在 10%左右,表明 HAS 算法在大规模算例下依然可找到近似最优的满意解,验证了算法的有效性。从求解耗时来看,个别算例存在突变的情况,这是因为这些算例中出现了多主计划箱位于同贝同栈的情况,增加了算法的求解耗时,但整体上算法求解耗时呈线性趋势增长,最大不超过 3 min,表明算法在不同规模下具有较好的稳定性。

表 4-2 算法对比表

序号	总箱数	HAS 算法		下界 1（min）	下界 2（min）	下界 1 相对偏差（%）	下界 2 相对偏差（%）
		目标值（min）	CPU time（s）				
Ins6_5_1	11	18.00	52.64	18.00	18.00	0.00	0.00
Ins6_5_2	11	18.00	111.47	18.00	18.00	0.00	0.00
Ins6_5_3	11	18.00	53.06	18.00	18.00	0.00	0.00
Ins8_5_1	13	24.00	121.10	24.00	24.00	0.00	0.00
Ins8_5_2	13	27.50	65.57	24.00	27.50	0.15	0.00
Ins8_5_3	13	24.00	63.60	24.00	24.00	0.00	0.00
Ins10_5_1	15	33.50	75.63	30.00	33.50	0.12	0.00
Ins10_5_2	15	33.20	71.92	30.00	32.20	0.11	0.03
Ins10_5_3	15	32.10	110.33	30.00	32.10	0.07	0.00
Ins12_10_1	22	37.60	135.97	36.00	36.00	0.04	0.04
Ins12_10_2	22	37.10	137.00	36.00	36.00	0.03	0.03
Ins12_10_3	22	41.60	124.05	36.00	40.80	0.16	0.02
Ins14_10_1	24	43.20	146.91	42.00	42.00	0.03	0.03
Ins14_10_2	24	48.70	108.16	42.00	45.70	0.16	0.07
Ins14_10_3	24	44.40	107.15	42.00	44.30	0.06	0.00
Ins16_10_1	26	51.10	119.31	48.00	49.50	0.06	0.03
Ins16_10_2	26	53.90	117.60	48.00	48.50	0.12	0.11
Ins16_10_3	26	52.80	120.31	48.00	50.80	0.10	0.04
Ins18_10_1	28	65.30	170.83	54.00	—	0.21	—
Ins18_10_2	28	60.80	169.68	54.00	—	0.13	—
Ins18_10_3	28	55.30	128.93	54.00	—	0.02	—
Ins20_10_1	30	62.20	139.55	60.00	—	0.04	—
Ins20_10_2	30	66.40	137.76	60.00	—	0.11	—
Ins20_10_3	30	66.20	139.99	60.00	—	0.10	—

4.5 本章小结

在出口集装箱堆场的实际作业过程中,倒箱是制约场桥作业效率提高的瓶颈之一。为提高出口箱堆场的作业效能,减小船舶装货作业时间,本章采用实时预倒策略来减小倒箱的影响,研究了出口箱区多场桥调度问题。首先,构建了混合整数线性规划模型,揭示了实时预倒箱对堆

场系统作业效率的显著影响;尤其是提出的模型可刻画多个待提箱位于同贝同栈的情况,使得该模型在本质上有别于现有模型。其次,针对商业求解器求解模型时存在的问题,设计融入了多种改进策略的混合算法对模型进行求解。为验证算法的有效性,给出了调度问题的两个下界。最后,在算例实验中,通过与不考虑实时预倒箱的方案、先到先服务方案及下界进行对比,验证了考虑实时预倒箱的场桥调度模型及算法的有效性,为集装箱码头出口箱堆场的场桥调度提供参考。

第5章

自动化码头岸桥和无人集卡协同调度问题

5.1 概述

为适应海运集装箱贸易量的持续增长,全球许多港口都在推进自动化集装箱码头(简称自动化码头,ACT)建设。自动化可有效提高码头生产率,同时减少所需工人数量和运营费用(Chen 等,2020 年),已成为港口发展的一大趋势。在 ACT 中,起重机/岸桥(QC)、自动导引车/无人集卡(AGV)和自动堆垛起重机/场桥(ASC)作为主要的自动化设备,共同实现集装箱的进口和出口。其中,QC 和 ASC 分别在岸侧和堆场侧进行集装箱装卸,而 AGV 则实现两侧之间的集装箱运输。集装箱装卸和运输的切换区域称为交接点(HP)。在岸侧,AGV 需行驶到岸桥下方的交接点等待装箱或卸箱;不同于岸侧交接点,堆场侧交接点额外配备 AGV 支架,用于临时存放集装箱,使得 ASC 和 AGV 可自主交换集装箱而无须等待对接(Yang 等,2015),从而提高作业效率。

自动化集装箱码头的作业过程较为复杂,涉及 QC、AGV、ASC 等设备,这些设备的调度相互关联、相互制约,又同时受多种现实因素的影响。第一,在设计 QC 调度方案时,需考虑一些现实因素,如 QC 在同一轨道上移动,彼此之间不可跨越且需保持安全距离。此外,集装箱在堆场的分布位置影响着集装箱的提、送箱时间,进而影响 QC 调度效率。第二,在规划 AGV 路径时,AGV 沿预设的双向道路行驶(避免绕行),完成一系列水平运输作业,但码头 AGV 数量有百辆之多,如何避免路径冲突和交通拥堵是 AGV 路径规划所需考虑的关键因素。第三,在考虑 ASC 作业时,HP 作为重要的交接区域,其容量直接决定 AGV 的有效作业数量,进而影响 AGV 和 QC 的作业效率。综上,鉴于码头装卸和水平运输设备的调度决策相互耦合,亟须一套行之有效的

方法来综合考虑 QC 干扰、AGV 冲突、HP 有限等现实因素,对自动化码头岸桥和无人集卡进行协同调度,进而提高码头运营效率和服务质量。

5.2　问题描述

基于青岛前湾自动化集装箱码头的实地调研,研究 QC 和 AGV 协同调度问题,决策 QC 和 AGV 的任务分配、作业顺序及 AGV 的行驶路径,考虑以下现实因素:

(1)多台 QC 位于相同轨道上,不可相互跨越,且出于安全考虑,相邻两台 QC 之间需保持一定的安全距离。

(2)同一船舱内集装箱的作业顺序固定,以确保 QC 自上而下提放集装箱。

(3)每台 AGV 都是双向的,其行驶路径也是双向的。多辆 AGV 的行驶路径可能存在交叉,且占用相同路径时,会出现路径冲突和交通拥堵。

(4)岸侧、堆场侧交接点(HP)分别表示 QC 与 AGV 交换集装箱的区域、箱区边 AGV 支架区域。每个 HP 可容纳 AGV 的数量有限。

由于本章问题同时涉及 QC、AGV、拥堵干扰,数学模型极其复杂,且无法被最新的求解器有效求解。为便于读者阅读,本章未给出具体数学模型。

5.3　基于分支定界和列生成的两阶段求解算法

基于分支定界和列生成的两阶段求解算法(简称 BBCGH 算法)的核心思想是先通过分支定界确定考虑 QC 干扰的 QC 作业方案,然后利用列生成获得考虑 AGV 冲突和 HP 容量的 AGV 作业方案。由于这两个方法未考虑 AGV 作业对 QC 作业的影响,故本节基于简单的先到先服务就近原则来获得 QC 与 AGV 的协同调度方案。

5.3.1　分支定界

分支定界通过创建"树"来枚举 QC 调度方案,树上每个节点代表部分 QC 方案。若方案不可行,则直接删除,并根据上下界确定是否剪枝,即下界大于上界的节点将被剪枝。本章使用广度优先搜索策略来逐层探索各层节点的方案。

1.分支策略和剪枝策略

分支策略实现从现有节点创建新节点的过程。在本章问题中,每个层 μ 的每个节点代表一个部分的 QC 调度方案。之所以称之为"部分",是因为在该方案中已分配 μ 个集装箱,还需分配 $|C|-\mu$ 个集装箱。当从 0 层(根节点所在层)分支到 1 层时,需考虑 QC 的初始位置和准备时间。当从 μ 层分支到 $\mu+1$ 层时,通过将每个未分配的集装箱分配给 QC,集合 φ_μ 中每个节点分

支为($|C|-\mu$)·$|Q|$个节点,从而获得考虑 QC 干扰(集合 Θ)和作业顺序固定(集合 Φ)的最小作业完成时间。$\mu+1$ 层集合 $\varphi_{\mu+1}$ 的节点数为($|C|-\mu$)·$|Q|$·φ_μ。

在从 μ 层分支到 $\mu+1$ 层后,集合 $\varphi_{\mu+1}$ 通常包含大量的新节点,为剔除无效节点,提出两个剪枝规则如下:第一个剪枝规则是剪枝不可行节点,即对不满足固定作业顺序约束和装船作业区约束的节点进行剪枝;第二个剪枝规则是如果两个下界(见本节第三部分内容)中任何一个比上界差,则该节点无法生成更好的解,因此该节点将被剪枝。

2. 下界

采用两个下界来确定是否剪枝 μ 层的节点(Bierwirth 和 Meisel,2009)。

第一个下界是对候选节点中部分 QC 调度方案的最大作业完成时间进行估计。定义 t_q 为当前节点中 QC q 的作业完成时间,则下界可由式(5-1)得到。

$$LB_1 = \max_{q \in Q} \{ t_q \} \tag{5-1}$$

第二个下界是考虑未分配集装箱后部分 QC 调度方案可能的最小作业完成时间,即通过将作业所需的各项时间均匀分配给 QC,获得各 QC 完成作业所需的最小时间。其中各项时间包括当前部分 QC 作业的完成时间、QC 的最小移动时间及未分配集装箱所需的作业时间。该下界可由式(5-2)得到。

$$LB_2 = \frac{\sum_{q \in Q} t_q + \sum_{i \in C'} g_i^{QC} + d}{|Q|} \tag{5-2}$$

其中:C' 表示 QC 调度方案中未分配集装箱的集合;d 表示 QC 作业这些集装箱所需的最小移动时间;g_i^{QC} 表示集装箱 i 所需的作业时间。

5.3.2　列生成

在列生成过程中,由分支定界所获得的 QC 调度方案被视为已知信息。

1. 主问题模型

基于 AGV 的所有可行路径,构造主问题(MP5.1)模型。在 MP5.1 中,每个列/变量代表一条 AGV 路径,其路径信息包括 AGV 作业的集装箱、AGV 占用资源(即 AGV 路径和 HP)的时步和路径行驶时间。令 R 为所有可行 AGV 路径的集合。定义 ε_{ri} 表示若在路径 r 中作业集装箱 i 则为 1,否则为 0。定义 δ_{rsu} 表示若路径 r 在时步 s 占用资源 u 则为 1,否则为 0。定义 θ_{rl} 表示若路径 r 对应 AGV l 的路径则为 1,否则为 0。令参数 t_r 为路径 r 的完成时间。令 λ_r 为决策变量,表示若路径 r 用于构成解则为 1,否则为 0。模型 MP5.1 可表述如下:

$$[\text{MP5.1}] \quad \text{Min}: \max_{r \in R} t_r \lambda_r \tag{5-3}$$

$$\text{s.t.} \quad \sum_{r \in R} \varepsilon_{ri} \lambda_r = 1, \forall i \in C \tag{5-4}$$

$$\sum_{r \in R} \delta_{rsu} \lambda_r \leqslant v_u, \forall u \in V, \forall s \in H \tag{5-5}$$

$$\sum_{r \in R} \theta_{rl} \lambda_r = 1, \forall l \in B \tag{5-6}$$

$$\lambda_r \in \{0,1\}, \forall r \in R \tag{5-7}$$

目标函数即式(5-3)表示最小化所选 AGV 路径的最大作业完成时间。式(5-4)保证每个集装箱仅被作业一次。式(5-5)保证每个时步内每个资源的 AGV 数量不超过其容量。式(5-6)保证每个 AGV 仅能选择一条路径。式(5-7)表示变量取值范围。

2.子问题

子问题(SPs5.1)的目标是寻找具有负检验数的可行 AGV 路径。在列生成的每次迭代中,有 $|B|$ 个子问题需要求解,每个子问题对应一个 AGV。定义 π_i、τ_{su} 和 ω 分别表示式(5-4)~式(5-6)的对偶变量,则 AGV 路径 r 的减少成本,即检验数 c_r 可由式(5-8)得到。

$$c_r = t_r - \sum_{i \in C} \pi_i \varepsilon_{ri} - \sum_{s \in H} \sum_{u \in V} \tau_{su} \delta_{rsu} - \omega, \forall r \in R^{sub} \tag{5-8}$$

为避免冗余描述,本章未完整呈现子问题的数学模型。事实上,子问题模型是带资源限制的最短路问题,属于 NP-Hard 问题,通过商业求解器(如 GUROBI 或 CPLEX)无法有效求解子问题模型。

本节设计一种改进的脉冲算法来求解子问题。该算法使用深度优先搜索规则和剪枝策略,从虚拟起点 0 开始访问 AGV 方案节点,并在到达虚拟终点 F^{AGV} 时生成一条完整的 AGV 路径,其性能优于传统标签校正算法。

5.3.3　加速技术

为提高算法的求解效率,设计加速技术如下:

(1)第一项加速技术是分支定界过程中的节点删除方法,该方法删除了具有相同任务分配、作业顺序和作业时间的重复节点。

(2)第二项加速技术是节点过滤方法,该方法可筛选出"表现差"的节点,以减少每一层中节点的数量。一个"表现好"的 QC 调度方案应包含较短的等待时间和行驶时间。定义节点过滤值 f 为:(等待时间+行驶时间)/集装箱数,该值越大则浪费在等待和行驶上的时间越多。因此,应选择具有较小 f 值的节点。节点过滤方法保留每一层中性能最好的 w 个节点,其中 w 为过滤宽度。

(3)第三项加速技术是多列生成策略。列生成方法存在收敛速度慢的问题(Liu 等,2021b),而加速收敛的有效方法是返回多个具有负减少成本/检验数的列。本章每次迭代从每个子问题返回 Col 个列。

(4)第四项加速技术是列生成的截断规则。在连续 $v_1 (0 \leq v_1 < 10)$ 代中,如果列生成相邻两代的目标值未在相对偏差 $\varepsilon_1 (0 \leq \varepsilon_1 \leq 1)$ 内得以改进,则终止列生成过程。

5.4　案例分析

为评估模型及算法的有效性,进行数值实验。本章实验均在配备英特尔酷睿 i7-12700 2.1 GHz CPU 和 16 GB 内存的电脑上运行,算法采用 Python 3.9.7 编程。所有的数学模型均使用

GUROBI 9.5.1 求解器以默认配置求解。

数值实验中使用的数据集是根据青岛前湾港的实地调研数据随机生成的。其中,集装箱的 QC 作业时间服从均匀分布 U(60, 90) s;集装箱的 AGV 岸侧作业时间服从均匀分布 U(30, 50) s;集装箱在 AGV 与 AGV 支架之间的装卸时间服从均匀分布 U(20, 30) s;AGV 的水平和垂直路径行驶时间分别为 6 s 和 10 s;水平路径、垂直路径和 HP 的容量分别设置为 2、3 和 5;QC 安全间距为 2 个贝位。通过多次实验对比,设置 $\varepsilon_1 = 0.000\,001$ 和 $\nu_1 = 5$。从分支定界传递到列生成的 QC 调度方案数量设置为 4。单位时步长度设置为 6 s,该值等于 AGV 通过水平路径所需的时间。参数 Col 设置为 30,过滤宽度 w 设置为 200。为保证算法在合理时间内求解大规模问题,子问题的求解时限设置为 500 s。

将提出的 BBCGH 算法与求解器(调用 GUROBI 求解原问题模型,简称 M5.1)和下界(忽略了 QC 干扰、AGV 冲突和 HP 有限等因素的重建模型,简称 LBM5.1)及两种码头现行调度策略比较。考虑基于先到先服务的贪婪策略(GS1)和基于分步决策的贪婪策略(GS2),前者优先选择完成时间最早的 QC,安排其作业最近的集装箱,并选择最早就绪的 AGV 依次执行空载行驶和岸侧/堆场侧作业、重载行驶和堆场侧/岸侧作业,直至所有集装箱被分配完毕;后者执行类似的策略,只是 QC 的调度和 AGV 的调度分别在两个阶段内独立安排。

表 5-1 展示了不同规模算例下 BBCGH 算法、求解器、下界及两种码头现行调度策略的对比结果。其中,配置 QAC 表示(QC 数,AGV 数,集装箱数);符号 Obj 和 Time 分别为目标值和计算时间。此外,符号"–"表示在时限内无法获得可行解,"#"表示由于内存不足而终止迭代。从表 5-1 可知,36 个算例中仅有 6 个可由 GUROBI 在时限内求解,且随着算例规模的增大,计算时间呈指数增长。特别地,由于问题的复杂性,GUROBI 无法获得所有大规模算例的可行解;当算例规模达(3,10,70)时,甚至无法得到 M5.1 的下界。对于 LBM5.1,除算例 3 和 6 外,模型 LBM5.1 报告的下界并不比模型 M5.1 报告的下界差,表明 LBM5.1 可提供高质量的下界。因此,本章以 LBM5.1 为基准来评价解的质量。相较 LBM5.1,BBCGH 所提供解的目标值平均相对偏差为 8.45%,处于可接受范围内。

此外,BBCGH 显著优于 GS1 策略和 GS2 策略,相对偏差分别为 24.19% 和 22.77%。这是因为 GS1 策略是短视的,每次选择最早就绪的集装箱、QC 和 AGV,而忽略了方案的整体表现;GS2 策略将 QC 调度问题和 AGV 调度问题视为两个独立的优化问题,因此在一定程度上忽略了两者之间的交互影响。就计算时间而言,提出的 BBCGH 算法仅用不到 3 min 的时间即可求解小规模算例(不足 20 个集装箱),对于多达 150 个集装箱的大规模算例,也可在半小时内求解。

表 5-1　不同规模算例下 BBCGH 同下界和现行方法的对比结果

算例	规模	LBM5.1		M5.1			BBCGH		现行策略		G1 (%)	G2 (%)	G3 (%)	G4 (%)
	QAC	Obj (s)	Time (s)	Obj (s)	LB	Time (s)	Obj (s)	Time (s)	GS1	GS2				
1	(1, 2, 3)	322	0.01	322	322	12.94	322	0.14	365	365	0	0	13.35	13.35
2	(1, 2, 4)	369	0.04	369	369	14.01	369	0.31	369	369	0	0	0	0
3	(2, 2, 4)	297	0.03	301	301	17.35	303	0.49	303	303	2.02	0.66	0	0
4	(2, 2, 5)	390	0.06	390	390	1 918.26	390	2.53	498	390	0	0	27.69	0
5	(2, 2, 6)	420	0.53	430	225	10 800	435	8.40	617	531	3.57	1.16	41.84	22.07

续表

算例	规模	LBM5.1		M5.1			BBCGH		现行策略		G1	G2	G3	G4
	QAC	Obj (s)	Time (s)	Obj (s)	LB	Time (s)	Obj (s)	Time (s)	GS1	GS2	(%)	(%)	(%)	(%)
6	(2, 3, 6)	363	0.16	374	367	10 800	374	1.41	403	444	3.03	0	7.75	18.72
7	(2, 3, 7)	441	1.13	–	221	10 800	517	4.38	619	673	17.23	–	19.73	30.17
8	(2, 3, 8)	467	7.39	–	203	10 800	513	7.82	588	625	9.85	–	14.62	21.83
9	(2, 3, 9)	490	569.90	–	201	10 800	495	11.24	672	627	1.02	–	35.76	26.67
10	(2, 4, 10)	496	286.02	–	254	10 800	613	9.45	660	661	23.59	–	7.67	7.83
11	(2, 4, 12)	636	2 459.79	–	242	10 800	636	30.94	746	870	0	–	17.30	36.79
12	(2, 5, 15)	770	3.03 h	–	220	10 800	832	188.94	1 047	1 042	8.05	–	25.84	25.24
13	(2, 6, 15)	699	4.75 h	–	259	10 800	706	13.09	914	838	1.00	–	29.46	18.70
14	(3, 6, 15)	529	6.14 h	–	197	10 800	617	130.49	802	803	16.64	–	29.98	30.15
15	(3, 7, 18)	586	8.88 h	–	207	10 800	680	334.40	870	749	16.04	–	27.94	10.15
16	(3, 7, 20)	597	12.36 h	–	195	10 800	670	124.22	1 148	1 058	12.23	–	71.34	57.91
17	(3, 8, 20)	668	16.24 h	–	158	10 800	789	123.36	1 028	934	18.11	–	30.29	18.38
18	(3, 7, 25)	845	18 h	–	205	10 800	864	385.25	955	914	2.25	–	10.53	5.79
19	(3, 8, 25)	848	18 h	–	183	10 800	910	161.94	981	976	7.31	–	7.80	7.25
20	(3, 7, 30)	998	18 h	–	116	10 800	1 267	601.25	1 530	1 844	26.95	–	20.76	45.54
21	(3, 8, 30)	1067	18 h	–	95	10 800	1 158	539.21	1 263	1 341	8.53	–	9.07	15.80
22	(3, 7, 40)	–	18 h	–	112	10 800	1 270	591.78	1 939	1 467	–	–	52.68	15.51
23	(3, 8, 40)	–	18 h	–	55	10 800	1 353	776.93	1 667	1 488	–	–	23.21	9.98
24	(3, 8, 50)	–	18 h	–	59	10 800	1 494	983.45	2 012	1 782	–	–	34.67	19.28
25	(3, 9, 50)	–	18 h	–	56	10 800	1 573	848.14	1 775	1 629	–	–	12.84	3.56
26	(3, 10, 70)	–	18 h	#	#	10 800	2 215	691.16	2 595	2 375	–	–	17.16	7.22
27	(3, 12, 70)	–	18 h	#	#	10 800	2 039	738.63	2 299	2 962	–	–	12.75	45.27
28	(4, 10, 80)	–	18 h	#	#	10 800	2 443	1 089.39	3 440	2 815	–	–	40.81	15.23
29	(4, 12, 80)	–	18 h	#	#	10 800	2 073	1 294.01	3 072	3 415	–	–	48.19	64.74
30	(4, 12, 100)	–	18 h	#	#	10 800	2 787	923.48	3 264	3 230	–	–	17.12	15.90
31	(4, 14, 100)	–	18 h	#	#	10 800	2 536	1 437.26	3 078	3 618	–	–	21.37	42.67
32	(4, 15, 100)	–	18 h	#	LB	10 800	2 245	1 291.28	3 348	3 112	–	–	49.13	38.62
33	(4, 12, 120)	–	18 h	#	#	10 800	2 807	1 619.41	3 125	3 573	–	–	11.33	27.29
34	(4, 15, 120)	–	18 h	#	#	10 800	2 695	1 409.32	3 338	3 582	–	–	23.86	32.91
35	(4, 12, 150)	–	18 h	#	#	10 800	3 523	1 735.17	4 016	4 580	–	–	13.99	30.00
36	(4, 15, 150)	–	18 h	#	#	10 800	3 281	1 826.93	4 696	4 567	–	–	43.13	39.20
平均值	–	–	–	–	–	–	–	–	–	–	8.45	0.30	24.19	22.77

注：G1 为（BBCGH-LBM5.1）/LBM5.1；G2 为（BBCGH-M5.1）/M5.1；G3 为（GS1-BBCGH）/BBCGH；G4 为（GS2-BBCGH）/BBCGH。

5.5　本章小结

本章的贡献主要包括两个方面：

第一，研究了自动化集装箱码头中岸桥和无人集卡的协同调度问题，提出了一种基于分支定界和列生成的两阶段求解算法，通过分支定界确定岸桥作业方案，结合列生成安排无人集卡调度计划，并采用启发式方法实现岸桥和无人集卡的协同调度。为提高算法的求解效率，设计了节点删除方法、节点过滤方法、多列生成策略、截断规则等加速技术。

第二，基于青岛港的实地数据进行了数值实验。结果表明，所提出的算法优于商业求解器、现行规则，可在 1 h 内获得不同规模问题的解决方案，同下界的平均最优偏差仅为 8.45%。

第三篇

港口海侧管理优化决策

第6章

单向航道港口泊位分配与船舶排序问题

6.1 概述

全球海运贸易量的快速攀升,导致世界船队规模呈跨越式增长,进而对港口通过能力提出巨大挑战。大多港口现有资源已无法满足旺盛的海运需求,导致船舶频繁延误,加剧港口拥堵。因此,当务之急是提高港口服务质量和运作效率。一个可行的措施是解决港口泊位分配问题(BAP)。然而,现有 BAP 研究大多忽略了单向航道通航限制的影响,但这一现实因素存在于世界上许多港口中,如京唐港(中国)、温哥华港(加拿大)和汉堡港(德国)。尽管一些港口配备了双向航道,但当海上交通受大风或大雾等恶劣天气影响时,海事局会对航道交通实施单向通航管制,以维护通航秩序并保证通航安全。图 6-1 为京唐港平面示意图,该港口拥有 5 个港池和 5 个锚地,并配备了一条单向航道。港内/外的船舶在其靠泊/分配泊位和离港区域/锚地间航行时,须交替利用航道资源实现船舶进出。特别是对于航道水深受潮汐限制的海港,其航道内船舶通航安全性的影响更为显著,吃水较大的乘潮船舶仅在水足够深时方可在航道内航行(Du 等,2015)。

此外,船舶在港池的靠泊位置、在锚地的锚泊位置及船舶航速进一步放大了单向通航限制的影响,传统的先到先服务策略已不能保证船舶调度效率。以船舶进港过程为例,航速较慢或位于远处锚地的前一抵港船舶可能需给航速较快或位于近处锚地的后抵港船舶让路。因此,港方应在统筹考虑泊位分配、多港池多锚地分布、船舶异质航速及船舶抵港/航行/装卸时间等因素的影响下,制定有效的船舶调度方案。

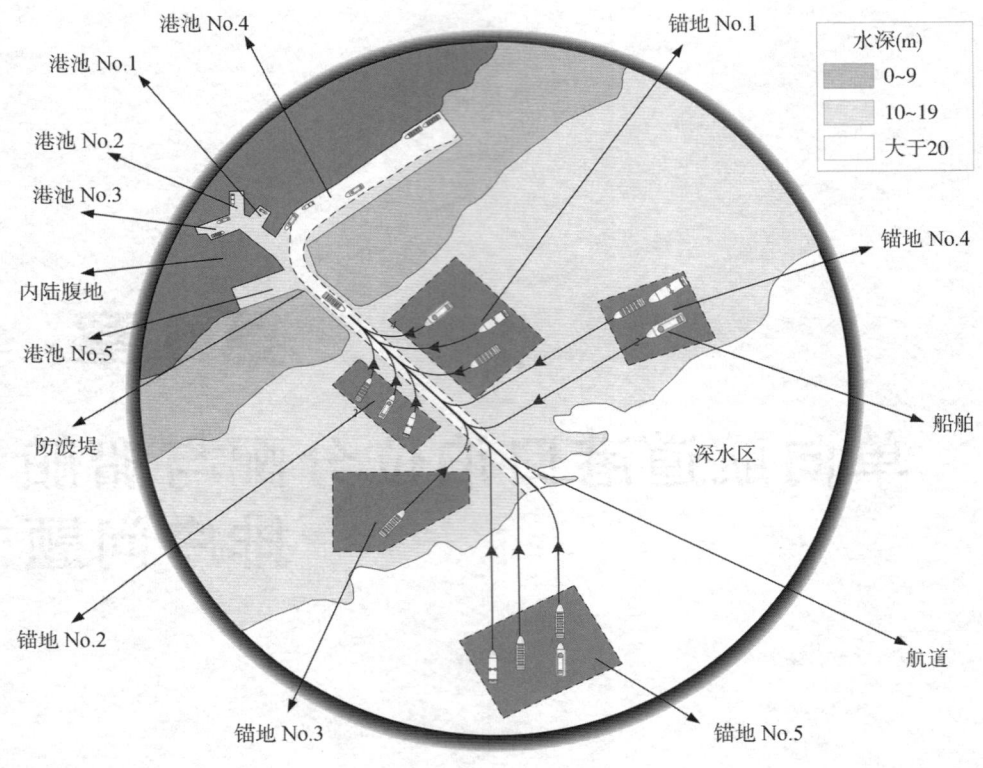

图 6-1 京唐港平面示意图

6.2 模型构建

为便于表述,用(i,b)表示分配/靠泊泊位为泊位b的进港/出港船舶i。模型的集合、参数和决策变量的定义可表述如下。

集合和参数的定义:V^{in}为进港船舶集合,$V^{in} \in \{1,...,m\}$,其中m表示进港船数;V^{out}为出港船舶集合,$V^{out} \in \{m+1,...,m+n\}$,其中$n$表示出港船数;$V^{oi}$为只进不出的船舶集合,即在当前计划期内未完成装卸的抵港船;V^{oo}为只出不进的船舶集合,即在上一计划期内抵港的船舶;B_i^{fea}为船舶i的可靠泊泊位集合;T为时步集合,$T \in \{0,...,l\}$,其中l表示时步数;K_i^{fea}为船舶i可进出港的潮汐时间窗集合;V^{tid}为需乘潮进出港的船舶(即乘潮船)集合;$m+n+1$为假船(或称虚拟船),表示第一艘驶过航道进出港口的船舶;$m+n+2$为假船(或称虚拟船),表示最后一艘驶过航道进出港口的船舶;v_i^o为进港船i对应的出港船编号(在当前计划期内既进港又出港);M为充分大的正数;D为船舶安全航行间距,由航行时间表示;a_i为船舶i的预计抵港时间;s_{ij}0-1为系数,若船舶i的航速大于船舶j的航速则为1,否则为0;w_i为船舶i的优先权重;h_i为船舶i的货物装卸时间;t_{ij}^{ino}为进港船舶i从锚地航至同船舶j所共享的第一个港外交会点的航行时间;$t_{ijbb'}^{ini}$为进港船舶(i,b)从锚地航至同船舶(j,b')所共享的最后一个港内交会点的航行时间;$t_{ijbb'}^{oui}$为出港船舶(i,b)从泊位航至同船舶(j,b')所共享的第一个港内交会点的航行时间;t_{ijb}^{ouo}为出港船舶

(i,b)从泊位航至同船舶j所共享的最后一个港外交会点的航行时间;e_{ib}为进港/出港船舶i在泊位b和其对应锚地/离港区域间的航行时间;$[g_{ik},g_{ik}]$为船舶i的第k个潮汐时间窗。

决策变量的定义:x_{ij}0-1为变量,若船舶j紧随船舶i后驶过防波堤则为1,否则为0;q_{ij}0-1为变量,若船舶j在船舶i之后驶过防波堤则为1,否则为0;y_{ib}0-1为变量,若泊位b被分配给船舶i则为1,否则为0;r_{ik}0-1为变量,若船舶i于潮汐时间窗k进出港口则为1,否则为0;c_i连续变量,是节点i的虚拟值,用以消除子回路并确定变量q_{ij}取值;z_i为整数变量,表示船舶i的进出港开始时间。

基于以上符号说明及模型假设,可建立单向航道港口泊位分配与船舶排序集成调度问题的混合整数线性规划模型如下:

$$[\text{M6.1}] \quad \text{Min} \sum_{i \in V^{in} \setminus V^{oi}} w_{v_i^o}(z_{v_i^o} + \sum_{b \in B_i^{fea}} y_{ib} e_{v_i^o b} - a_i) + \sum_{i \in V^{oi}} w_i(z_i + \sum_{b \in B_i^{fea}} y_{ib} e_{ib} - a_i) + \sum_{i \in V^{oo}} w_i(z_i + \sum_{b \in B_i^{fea}} y_{ib} e_{ib})$$

$$\tag{6-1}$$

$$\text{s.t.} \sum_{b \in B_i^{fea}} y_{ib} = 1, \forall i \in V^{in} \cup V^{oo} \tag{6-2}$$

$$\sum_{i \in V^{oi}} y_{ib} \leqslant 1, \forall b \in \{B_j^{fea} \mid j \in V^{oi}\} \tag{6-3}$$

$$y_{(v_i^o)b} = y_{ib}, \forall i \in V^{in} \setminus V^{oi}, \forall b \in B_i^{fea} \tag{6-4}$$

$$z_i \geqslant a_i, \forall i \in V^{in} \tag{6-5}$$

$$z_{v_i^o} \geqslant z_i + \sum_{b \in B_i^{fea}} y_{ib} e_{ib} + h_i, \forall i \in V^{in} \setminus V^{oi} \tag{6-6}$$

$$z_i \geqslant h_i, \forall i \in V^{oo} \tag{6-7}$$

$$z_j + t_{ji}^{ino} \geqslant z_i + t_{ijb}^{ouo} + D + (y_{ib} + y_{jb} - 2)M, \forall i \in V^{oo}, \forall j \in V^{in}, \forall b \in B_i^{fea} \cap B_j^{fea} \tag{6-8}$$

$$z_j + t_{j(v_i^o)}^{ino} \geqslant z_{v_i^o} + t_{(v_i^o)jb}^{ouo} + D + (q_{ij} + y_{ib} + y_{jb} - 3)M,$$
$$\forall i,j \in V^{in} \setminus V^{oi}, \forall b \in B_i^{fea} \cap B_j^{fea} \tag{6-9}$$

$$z_j + t_{ji}^{ino} \geqslant z_i + t_{ijb}^{ouo} + D + (y_{ib} + y_{jb} - 2)M, \forall i \in V^{out} \setminus V^{oo},$$
$$\forall j \in V^{oi}, \forall b \in B_i^{fea} \cap B_j^{fea} \tag{6-10}$$

$$\sum_{j \in V^{in} \cup V^{out}} x_{(m+n+1)j} = 1 \tag{6-11}$$

$$\sum_{i \in V^{in} \cup V^{out}} x_{i(m+n+2)} = 1 \tag{6-12}$$

$$\sum_{i \in V^{in} \cup V^{out} \cup \{m+n+1\}} x_{ij} - \sum_{i \in V^{in} \cup V^{out} \cup \{m+n+2\}} x_{ji} = 0, \forall j \in V^{in} \cup V^{out} \tag{6-13}$$

$$\sum_{j \in V^{in} \cup V^{out} \cup \{m+n+2\}} x_{ij} = 1, \forall i \in V^{in} \cup V^{out} \tag{6-14}$$

$$z_j + t_{ji}^{ino} \geqslant z_j + t_{ji}^{ino} \geqslant z_i + t_{ij}^{ino} + D + (x_{ij} - 1)M, \forall i,j \in V^{in}, s_{ij} = 1 \tag{6-15}$$

$$z_j + t_{jib'b}^{ini} \geqslant z_i + t_{ijbb'}^{ini} + D + (x_{ij} + y_{ib} + y_{jb'} - 3)M, \forall i,j \in V^{in}, s_{ij} = 0,$$
$$\forall b \in B_i^{fea}, \forall b' \in B_j^{fea} \tag{6-16}$$

$$z_j + t_{jib'b}^{oui} \geqslant z_i + t_{ijbb'}^{oui} + D + (x_{ij} + y_{ib} + y_{jb'} - 3)M, \forall i,j \in V^{out}, s_{ij} = 1,$$
$$\forall b \in B_i^{fea}, \forall b' \in B_j^{fea} \tag{6-17}$$

$$z_j + \sum_{b' \in B_j^{fea}} y_{jb'} t_{jib'}^{ouo} \geqslant z_i + \sum_{b \in B_i^{fea}} y_{ib} t_{ijb}^{ouo} + D + (x_{ij} - 1)M, \forall i,j \in V^{out}, s_{ij} = 0 \tag{6-18}$$

$$z_j + t_{jib'b}^{oui} \geq z_i + t_{ijbb'}^{ini} + D + (q_{ij} + y_{ib} + y_{jb'} - 3)M, \forall i \in V^{in}, \forall j \in V^{out},$$
$$\forall b \in B_i^{fea}, \forall b' \in B_j^{fea} \tag{6-19}$$

$$z_j + t_{ji}^{ino} \geq z_i + \sum_{b \in B_i^{fea}} y_{ib} t_{ijb}^{ouo} + D + (q_{ij} - 1)M, \forall i \in V^{out}, \forall j \in V^{in} \tag{6-20}$$

$$z_i \geq \sum_{k \in K_i^{fea}} r_{ik} g_{ik}, \forall i \in V^{tid} \tag{6-21}$$

$$z_i + \sum_{b \in B_i^{fea}} y_{ib} e_{ib} \leq \sum_{k \in K_i^{fea}} r_{ik} \bar{g}_{ik}, \forall i \in V^{tid} \tag{6-22}$$

$$\sum_{k \in K_i^{fea}} r_{ik} = 1, \forall i \in V^{tid} \tag{6-23}$$

$$c_j \geq c_i + 1 + (x_{ij} - 1)M, \forall i, j \in V^{in} \cup V^{out} \cup \{m+n+1, m+n+2\} \tag{6-24}$$

$$c_j \leq c_i + q_{ij}M, \forall i, j \in V^{in} \cup V^{out} \cup \{m+n+1, m+n+2\} \tag{6-25}$$

$$x_{ij}, q_{ij} \in \{0,1\}, \forall i, j \in V^{in} \cup V^{out} \cup \{m+n+1, m+n+2\} \tag{6-26}$$

$$y_{ib} \in \{0,1\}, \forall i \in V^{in} \cup V^{out}, \forall b \in B_i^{fea} \tag{6-27}$$

$$r_{ik} \in \{0,1\}, \forall i \in V^{tid}, \forall k \in K_i^{fea} \tag{6-28}$$

$$c_i \geq 0, \forall i \in V^{in} \cup V^{out} \cup \{m+n+1, m+n+2\} \tag{6-29}$$

$$z_i \in T, \forall i \in V^{in} \cup V^{out} \tag{6-30}$$

其中,目标函数即式(6-1)表示最小化所有船舶在港停留时间的加权和。其中在港停留时间是指船舶周转时间,对于只进不出的船舶则表示其进港作业时间(即船舶的进港完成时间减去其抵港时间),对于只出不进的船舶则表示其出港完成时间。模型的约束可划分为如下六类:式(6-2)~式(6-10)为离散泊位分配约束;式(6-11)~式(6-14)为船舶排序约束;式(6-15)~式(6-18)为在进港时段或出港时段内的单向航道通航限制;式(6-19)和式(6-20)为进出港时段交替/切换时的单向航道通航限制;式(6-21)~式(6-23)为潮汐时间窗约束;式(6-24)~式(6-30)为变量范围约束。

6.3 基于自适应大邻域搜索的启发式算法

本章针对问题的特点设计了自适应大邻域搜索算法(ALNS)来求解模型,以在可接受的时间内获得问题的最优解或近似最优解。同时,将模拟退火算法的 Metropolis 准则(见 Kirkpatrick 等,1983)引入 ALNS 算法中,用以评价并接受新解。考虑到启发式算法的求解质量在很大程度上依赖于初始解,本章设计了基于启发式规则的初始解生成策略,限于本章篇幅,感兴趣的读者见 Liu 等(2021a)。此外,由于 ALNS 算法侧重于对解空间的全局搜索,因此本章设计了两个邻域深度搜索算子以加强算法后期的局部搜索能力,并引入了动态搜索概率来反映算法前期和后期的动态(全局和局部)搜索过程。

1.破坏算子

破坏算子可细分为随机破坏、时间优先破坏和时段优先破坏。在处理泊位分配问题时,三个破坏算子都随机破坏至多 σ_1 艘进港船舶($1 \leq \sigma_1 \leq m$)并将相应的船舶标记为未分配泊位的

状态。在处理船舶排序问题时,随机破坏算子破坏至多 σ_2 艘船舶($1 \leqslant \sigma_2 \leqslant 2 \times m$)。时间优先破坏算子随机选择一艘船舶,并在选定船舶进出港开始时间的 1 h 邻域内随机破坏若干艘船舶。

2.修复算子

修复算子可细分为随机修复算子和时段优先修复算子。在处理泊位分配问题时,这两个修复算子均随机为选定船舶分配满足式(6-2)和式(6-3)的泊位。由此,处于未分配泊位状态的船舶会被分配新的靠泊泊位。在处理船舶排序问题时,随机修复算子将选定船舶随机插入相应剩余船舶次序中。而在时段优先修复算子中,选定船舶被随机插入处于相同类型时段内剩余船舶次序中。

3.邻域深度搜索算子

邻域深度搜索算子由船舶排序算子和泊位分配算子组成。船舶排序算子首先在某个进/出港时段内随机选择若干艘船舶,并生成选定船舶的随机排列;然后,将该排列嵌入选定船舶在原船舶次序中的相应位置。泊位分配算子首先随机选择至多 σ_3 艘船舶($1 \leqslant \sigma_3 \leqslant m$);然后,按船舶可靠泊泊位数量最小原则,优先为选定船舶分配空闲泊位,其次优先分配满足式(6-2)的最小船舶数量所对应的泊位。

6.4　原问题解的下界

尽管 ALNS 算法可获得问题的近似最优解,但由于缺乏下界信息,无法评价解决方案的质量。许多现有相关研究已表明集划分模型具有很强的线性松弛结构(见 Lalla-Ruiz 等,2016;Zhen 等,2017;Li 和 Jia,2019)。鉴于此,本章将原模型(M6.1)转换为等价的集划分模型,并求解其线性松弛问题(模型)来获得原问题解的下界。在集划分模型中,每一列/变量表示一个船舶计划/方案,包括船舶的进港开始时间、出港开始时间、分配泊位和交会点占用时间(即从到达交会点的时间到该值加上一个船舶安全航行间距所对应的时间)。为构建集划分模型,令 P 和 B 分别表示船舶计划集合和泊位集合;定义 0-1 系数 β_{ip} 满足,若船舶 i 在计划 p 中分配(即计划 p 属于船舶 i 的调度计划)则 $\beta_{ip} = 1$,否则 $\beta_{ip} = 0$;定义 0-1 系数 ε_{pqt} 满足,若计划 p 在时步 t 占用交会点 q 则 $\varepsilon_{pqt} = 1$,否则 $\varepsilon_{pqt} = 0$;定义 0-1 系数 η_{pbt} 满足,若计划 p 中船舶的分配泊位为泊位 b 且时步 t 介于船舶进港和出港时到达防波堤的时间之间则 $\eta_{pbt} = 1$,否则 $\eta_{pbt} = 0$;定义 0-1 变量 α_p 满足,若计划 p 被选择作为解决方案的一部分则 $\alpha_p = 1$,否则 $\alpha_p = 0$。由于计划 p 的成本可由 τ_p(即船舶的加权在港停留时间)表示,可构建集划分模型(或称主问题 MP6.1)如下:

$$[\text{MP6.1}] \ \text{Min} \sum_{p \in P} \tau_p \alpha_p \tag{6-31}$$

$$\text{s.t.} \ \sum_{p \in P} \beta_{ip} \alpha_p = 1, \ \forall i \in V \tag{6-32}$$

$$\sum_{p \in P} \varepsilon_{pqt} \alpha_p \leqslant 1, \ \forall q \in \delta, \ \forall t \in T \tag{6-33}$$

$$\sum_{p \in P} \eta_{pbt} \alpha_p \leqslant 1, \ \forall b \in B, \ \forall t \in T \tag{6-34}$$

$$\alpha_p \in \{0,1\}, \ \forall p \in P \tag{6-35}$$

其中,目标函数即式(6-31)为最小化选中船舶计划的总加权在港停留时间。式(6-32)保证为每艘船舶选定一个计划。式(6-33)为船舶的时空约束,即每个交会点在每个时步下仅能被一艘船舶占用。值得注意的是,当任意两个相邻交会点之间的距离大于 D 时,可通过在其间添加交会点的方式来保证式(6-33)的有效性。式(6-34)保证靠泊同一泊位的船舶的先后次序关系。该约束并不能直接保证靠泊同一泊位的船舶在港外交会点的单向通航限制,但这一部分限制可间接由式(6-33)保证。式(6-35)表示变量取值范围。

由于集合 P 包含大量的船舶计划(列),因此无法通过枚举所有列并直接求解模型 MP6.1 的方式来解决原问题/提供下界。为此,开发列生成(CG)算法以动态地向模型添加新列,并基于获得的列来求解模型,详见 Liu 等(2021a)。

6.5　案例分析

为验证所提出模型及算法的实用性,设计了案例分析实验。相关数据基于唐山港三大港区之一京唐港的实地调研数据给出(该港拥有 5 个港池和 5 个锚地)。在 2018 年,唐山港的年货物吞吐量为 6.371 亿吨,位居世界第三,其中京唐港装卸了一半以上货物。船舶和泊位技术信息详见 Liu 等(2021a)。设置计划期长度为 4 天,船舶安全航行间距和时步单位均为 10 min。船舶的优先权重、预计航速和预计抵港时间分别遵循区间 $[1, 5]$、$[7, 12]$(kn)和 $[0, 144]$(时步)内的均匀分布。吃水大于和小于 15 m 的船舶的货物装卸时间分别服从区间 $[90, 240]$ 和 $[24, 90]$ 内的均匀分布。此外,基于京唐港 2019 年 5 月 13 日至 2019 年 5 月 17 日共 5 天的潮汐数据(https://www.cnss.com.cn/tide/)来生成船舶的潮汐时间窗。具有 30 艘船舶(即 60 个船舶进出港活动)和 20 个泊位的算例的问题规模可表示为 S60_B20_V30,每个包含 5 个随机算例。

本章实验均运行在 x64 位 Intel Core i5 6500 CPU 和 8 GB 内存的 Windows 计算机上,算法采用 Python 语言编码,模型通过调用 GUROBI 8.1.1 求解器进行求解,求解时限设置为 1 h。算法参数配置:个体数量为 60 个;模拟退火初始和终止温度为 100 ℃ 和 0.1 ℃,内循环迭代次数为 20,降温系数为 0.9;自适应大邻域搜索的最高至最低三种得分为 20、10、20,权重因子为 0.9,算子中 σ_1、σ_2、σ_3 分别为 m、$8m/5$、$2m/5$(m 为船舶数量)。

为验证所提出 ALNS 算法的实用性,将其同 GUROBI 求解器、列生成(CG)算法(基于所有获得的列直接求解模型获得上界)、下界进行对比。

表 6-1 报告了 ALNS 算法、GUROBI 求解器和 CG 启发式算法的计算结果。其中"ObjIP"、"ObjCG"和"ObjALNS"分别表示通过求解器直接求解模型 M6.1 时获得的目标值、由 CG 启发式算法提供整数解的目标值和 ALNS 算法给出的目标值。可以看出,与 ALNS 算法相比,GUROBI 求解器仅在求解具有 5 艘船舶和 10 个泊位的小规模算例时更快,其求解时间随问题规模增大呈指数增长。特别地,由于问题的复杂性,GUROBI 求解器甚至无法获得大规模算例的可行解。尽管 CG 启发式算法可在 1 h 内获得原问题的可行解,但对于大规模算例而言,其求解质量相对较差,平均最优偏差为 19.05%。相比于这两个基准方法,ALNS 算法可在极短的时间内(平均不到 3 min)解决所有规模的算例,在小规模和大规模算例下同下界平均偏差分别为 2.22% 和 8.

86%,验证了所提出 ALNS 算法的实用性。

表 6-1　不同算例下 ALNS 同 GUROBI 和 CG 的计算结果

问题规模	GUROBI		CG			ALNS		(ObjCG-LB)/LB (%)	(ObjALNS-LB)/LB (%)
	ObjIP (时步)	时间 (s)	LB (时步)	ObjCG (时步)	时间 (s)	ObjALNS (时步)	时间 (s)		
S90_B43_V45_1	–	3 600.0	9 760	10 881	3 600.0	10 345	152.8	11.49	5.99
S90_B43_V45_2	–	3 600.0	12 783	13 676	3 600.0	13 370	137.3	6.99	4.59
S90_B43_V45_3	–	3 600.0	11 671	13 906	3 600.0	12 794	136.9	19.15	9.62
S90_B43_V45_4	–	3 600.0	13 365	15 431	3 600.0	14 579	130.6	15.46	9.08
S90_B43_V45_5	–	3 600.0	11 579	14 011	3 600.0	12 816	151.4	21.00	10.68
S100_B43_V50_1	–	3 600.0	11 549	13 622	3 600.0	11 987	143.8	17.95	3.79
S100_B43_V50_2	–	3 600.0	13 634	16 449	3 600.0	14 936	149.2	20.65	9.55
S100_B43_V50_3	–	3 600.0	11 812	14 776	3 600.0	12 792	148.5	25.09	8.30
S100_B43_V50_4	–	3 600.0	14 052	17 763	3 600.0	14 934	131.1	26.41	6.28
S100_B43_V50_5	–	3 600.0	13 526	15 851	3 600.0	14 922	134.4	17.19	10.32
S110_B43_V55_1	–	3 600.0	17 459	21 690	3 600.0	19 710	143.8	24.23	12.89
S110_B43_V55_2	–	3 600.0	18 513	22 183	3 600.0	20 034	154.4	19.82	8.22
S110_B43_V55_3	–	3 600.0	14 391	17 077	3 600.0	16 167	153.5	18.66	12.34
S110_B43_V55_4	–	3 600.0	18 727	23 401	3 600.0	20 593	156.1	24.96	9.96
S110_B43_V55_5	–	3 600.0	21 618	25 227	3 600.0	24 061	164.1	16.69	11.30
平均值	–	3 600.0	14 296	17 063	3 600.0	15 603	145.9	19.05	8.86

6.6　本章小结

本章研究了单向航道港口泊位分配与船舶排序集成调度问题,与其他学者在这方面的工作相比,本章主要贡献有两方面:

第一,为单向航道港口泊位分配与船舶排序集成调度问题构建了一个新混合整数规划模型。以往研究大多侧重于通过提高泊位服务效率来改善港口的船舶服务质量,虽然也有考虑泊位与航道集成调度的研究,但主要集中在单港池单锚地港口配置。相比于以往研究,提出的模型考虑了一些复杂但重要的现实因素,包括单向通航限制、异质船舶航速、多港池多锚地分布、泊位与船舶匹配约束及潮汐等。这些因素的考虑使所提出的模型相较于以往模型更具实用性。

第二,设计了自适应大邻域搜索算法来求解模型,首次提出了列生成算法来获得原问题解的下界以评价算法求解质量。研究成果有助于提升泊位与航道服务效率,进而提高港口通过能力,为单向航道海港泊位和航道调度提供新思路。

第7章

考虑移泊的双向航道港口泊位和航道滚动调度问题

7.1　概述

航道在建造之初多为单向或双向航道,后为适应船舶大型化的发展趋势,而将航道进行疏浚以满足吃水更大和船体更宽的船舶的单向通航需求。本章研究该类航道港口的泊位和航道调度问题,将此类航道称为单双向切换航道,即航道宽度仅容许一艘大型船舶单向航行或两艘小型船舶双向航行(即进港和出港航向)。在单双向切换航道中,对于双向航行,有两个航向可供选择,由于港方出于安全考虑禁止船舶追越,小型船舶在同一航向航行时必须保持安全航行间距排队进出港口。关于单向航行,当一艘大型船舶占用整条航道(就航道宽度而言)进入或离开港口时,对向船舶必须等待其释放所占用航道方可驶入。因此,尽管该类航道可满足一些小型船舶的双向通航,但当大型远洋船舶占用航道时,船舶的进出港交通流呈现交替往复状态,导致航道内船舶交通高度拥堵。

由于港口的深水泊位数量有限,靠泊于深水泊位的大型船舶可能需减载并移泊至其他浅水泊位卸载剩余货物。而载有两种货物的船舶(如半集装箱船)在减载一种货物后,必须移泊至其他泊位卸载剩余货物。这些移泊活动干扰了相邻(就时间而言)船舶的进出港活动,影响了其进出港时间,进而导致这些船舶的泊位分配计划及后续船舶的进出港计划发生变动。特别是当移泊船舶位于相距较远的不同港池时,船舶移泊活动同船舶进出港活动间的干扰尤为显著。因此,有必要考虑船舶移泊对泊位和航道调度问题的影响。

本章所研究问题是一个短期(日内;计划期通常为 6~12 h)决策问题,需嵌入滚动计划调度(见 Sethi 和 Sorger,1991;Xia 等,2019)中。这非常符合港口的实际调度需求,因为在短期决策

中船公司可为港方提供准确的船舶进出港信息,从而有助于在减少随机和不确定性因素影响的同时充分利用港口的现有资源。此外,多港池多锚地分布、船舶异质航速和潮汐等现实因素也被考虑到本章问题中。

7.2　问题建模

为便于建模,对问题进行离散化处理如下:

(1)航道用一组交会点 Q 离散表示,以刻画船舶在航道的空间分布,进而对船舶进港、出港和移泊活动进行建模。

(2)由于泊位水深和类型的不同及不规则地质条件的影响,码头岸线可被离散化为一组泊位 B。

(3)将计划期(通常为 6~12 h)离散化为一组时步 T。考虑到船舶安全航行间距相对较小(通常仅为 10~15 min),且不同类型船舶间的安全航行间距差异甚微,假定任意两艘船舶的安全航行间距均为 1 个时步。表 7-1 所示为符号定义及说明。

表 7-1　符号定义及说明

集合和参数	
T	时步集合,$T \in \{0,1,2,\cdots,f\}$,f,表示计划期长度
B	泊位集合,$B \in \{1,2,\cdots,a\}$,a 表示泊位数量
Q	交会点集合,$Q \in \{1,2,\cdots,d\}$,d 表示交会点数量
K	潮汐时间窗集合,$K \in \{1,2,\cdots,h\}$,h 表示潮汐时间窗数量
V^{in}	进港船舶集合,$V^{in} \in \{1,2,\cdots,m\}$,$m$ 表示进港船舶数量
V^{out}	出港船舶集合,$V^{out} \in \{m+1,m+2,\cdots,m+n\}$,$n$ 表示出港船舶数量
V^{shi}	移泊船舶集合,$V^{shi} \in \{m+n+1,m+n+2,\cdots,m+n+s\}$,$s$ 表示移泊船舶数量
M	充分大的正数
D	船舶安全航行间距,由航行时间表示
w_i	船舶 $i \in V^{in} \cup V^{out} \cup V^{shi}$ 的优先权重
L_i^{pen}	当船舶 $i \in V^{in} \cup V^{out} \cup V^{shi}$ 的服务请求未被满足时的惩罚值
r_i	船舶 $i \in V^{in} \cup V^{out} \cup V^{shi}$ 的就绪时间(未考虑潮汐时间窗限制),即进港船舶 $i \in V^{in}$ 的预计抵港时间,出港船舶 $i \in V^{out}$ 的预计离港时间,移泊船舶 $i \in V^{shi}$ 的预计移泊时间
t_{ib}	分配泊位为 $b \in B$ 的船舶 $i \in V^{in} \cup V^{out} \cup V^{shi}$ 进港、出港或移泊的航行时间
t'_{ibp}	分配泊位为 $b \in B$ 的船舶 $i \in V^{in} \cup V^{out} \cup V^{shi}$ 从其初始位置航至交会点 $q \in Q$ 的时间
θ_{ibq}^{pas}	0-1 系数,若分配泊位为 $b \in B$ 的船舶 $i \in V^{in} \cup V^{out} \cup V^{shi}$ 的航行路线经过交会点 $q \in Q$ 则为 1,否则为 0

续表

集合和参数	
N_b	靠泊泊位 $b \in B$ 的船舶在出港时所途经的第一个交会点
θ_{ib}^{fea}	0-1 系数,若船舶 $i \in V^{in} \cup V^{shi}$ 可靠泊于泊位 $b \in B$ 则为 1,否则为 0
θ_{ib}^{moo}	0-1 系数,若船舶 $i \in V^{out} \cup V^{shi}$ 于泊位 $b \in B$ 靠泊/系泊则为 1,否则为 0
θ_i^{nav}	0-1 系数,若船舶 $i \in V^{in} \cup V^{out}$ 需以双向通航模式进出港口则为 1,否则为 0
$[\underline{e}_{ik}, \bar{e}_{ik}]$	船舶 $i \in V^{in} \cup V^{out} \cup V^{shi}$ 的潮汐时间窗 $k \in K$
决策变量	
u_{it}	0-1 变量,若船舶 $i \in V^{in} \cup V^{out} \cup V^{shi}$ 于时步 $t \in T$ 开始进港/出港/移泊则为 1,否则为 0
y_{ib}	0-1 变量,若船舶 $i \in V^{in} \cup V^{out} \cup V^{shi}$ 的靠泊/分配泊位为泊位 $b \in B$ 则为 1,否则为 0
x_{ij}	0-1 变量,若船舶 $i \in V^{in} \cup V^{out} \cup V^{shi}$ 在船舶 $j \in V^{in} \cup V^{out} \cup V^{shi}$ 之前进港/出港/移泊则为 1,否则为 0
g_{ik}	0-1 变量,若船舶 $i \in V^{in} \cup V^{out} \cup V^{shi}$ 于时间窗 $k \in K$ 进港/出港/移泊则为 1,否则为 0
R_i	0-1 变量,若船舶 $i \in V^{in} \cup V^{out} \cup V^{shi}$ 的服务请求未被满足则为 1,否则为 0
z_i	船舶 $i \in V^{in} \cup V^{out} \cup V^{shi}$ 的进港/出港/移泊开始时间
a_{iq}	船舶 $i \in V^{in} \cup V^{out} \cup V^{shi}$ 到达交会点 $q \in Q$ 的时间

基于表 7-1 的符号定义,构建考虑移泊活动的双向航道港口泊位和航道滚动调度问题的数学模型如下:

$$[\text{M7.1}] \ \text{Min} \sum_{i \in V^{in} \cup V^{out} \cup V^{shi}} w_i \left(z_i + \sum_{b \in B} y_{ib} t_{ib} \right) + \sum_{i \in V^{in} \cup V^{out} \cup V^{shi}} L_i^{pen} R_i \tag{7-1}$$

$$\text{s.t.} \sum_{b \in B} \theta_{ib}^{fea} y_{ib} = 1 - R_i, \forall i \in V^{in} \cup V^{shi} \tag{7-2}$$

$$\sum_{i \in V^{in} \cup V^{shi}} y_{ib} \leq 1, \forall b \in B \tag{7-3}$$

$$y_{ib} = \theta_{ib}^{moo} (1 - R_i), \forall i \in V^{out}, \forall b \in B \tag{7-4}$$

$$z_i \geq r_i (1 - R_i), \forall i \in V^{in} \cup V^{out} \cup V^{shi} \tag{7-5}$$

$$a_{iq} = z_i + \sum_{b \in B} \theta_{ibq}^{pas} t'_{ibq} y_{ib}, \forall i \in V^{in} \cup V^{out} \cup V^{shi}, \forall q \in Q \tag{7-6}$$

$$\sum_{t \in T} u_{it} = 1 - R_i, \forall i \in V^{in} \cup V^{out} \cup V^{shi} \tag{7-7}$$

$$\sum_{k \in K} g_{ik} = 1 - R_i, \forall i \in V^{in} \cup V^{out} \cup V^{shi} \tag{7-8}$$

$$\sum_{k \in K} g_{ik} \underline{e}_{ik} \leq z_i + R_i M, \forall i \in V^{in} \cup V^{out} \cup V^{shi} \tag{7-9}$$

$$\sum_{k \in K} g_{ik} \bar{e}_{ik} \geq z_i + \sum_{b \in B} y_{ib} t_{ib} - R_i M, \forall i \in V^{in} \cup V^{out} \cup V^{shi} \tag{7-10}$$

$$a_{jq} \geq a_{iq} + D + \left(x_{ij} + \sum_{b \in B} \theta_{jbq}^{pas} y_{jb} + \sum_{b \in B} \theta_{ibq}^{pas} y_{ib} - 3 - \theta_j^{nav} \theta_i^{nav} \right) M, \forall i \in V^{in}, \forall j \in V^{out}, \forall q \in Q \tag{7-11}$$

$$a_{iq} \geq a_{jq} + D + \left(\sum_{b \in B} \theta_{jbq}^{pas} y_{jb} + \sum_{b \in B} \theta_{ibq}^{pas} y_{ib} - 2 - \theta_j^{nav} \theta_i^{nav} - x_{ij} \right) M, \forall i \in V^{in}, \forall j \in V^{out}, \forall q \in Q \tag{7-12}$$

$$a_{jq} \geq a_{iq} + D + \left(x_{ij} + \sum_{b \in B} \theta_{jbq}^{pas} y_{jb} + \sum_{b \in B} \theta_{ibq}^{pas} y_{ib} - 3\right) M, \forall i,j \in V^{in}\, or\, \forall i,j \in V^{out}, \forall q \in Q$$

$$(7\text{-}13)$$

$$a_{jq} \geq a_{iq} + D + \left(x_{ij} + \sum_{b \in B} \theta_{jbq}^{pas} y_{jb} + \sum_{b \in B} \theta_{ibq}^{pas} y_{ib} - 3\right) M, \forall i \in V^{shi}, \forall j \in V^{in} \cup V^{out} \cup V^{shi}, \forall q \in Q$$

$$(7\text{-}14)$$

$$a_{iq} \geq a_{jq} + D + \left(\sum_{b \in B} \theta_{jbq}^{pas} y_{jb} + \sum_{b \in B} \theta_{ibq}^{pas} y_{ib} - 2 - x_{ij}\right) M, \forall i \in V^{shi}, \forall j \in V^{in} \cup V^{out} \cup V^{shi}, i \neq j, \forall q \in Q$$

$$(7\text{-}15)$$

$$z_j + t_{jb} \geq a_{i(N_b)} + D + \left(\theta_j^{nav} \theta_i^{nav} + y_{jb} + y_{ib} - 3\right) M, \forall i \in V^{out}, \forall j \in V^{in}, \forall b \in B \qquad (7\text{-}16)$$

$$a_{jq} \geq a_{iq} + D + \left(\theta_{jbq}^{pas} y_{jb} + \theta_{ibq}^{pas} y_{ib} - 2 - \theta_j^{nav} \theta_i^{nav}\right) M, \forall i \in V^{out}, \forall j \in V^{in}, \forall q \in Q, \forall b \in B \qquad (7\text{-}17)$$

$$a_{jq} \geq a_{iq} + D + \left(\theta_{jbq}^{pas} y_{jb} + \theta_{ibq}^{pas} y_{ib} - 2\right) M, \forall i \in V^{out}, \forall j \in V^{shi}, \forall q \in Q, \forall b \in B \qquad (7\text{-}18)$$

$$a_{jq} \geq a_{iq} + D + \left(\theta_{jbq}^{pas} y_{jb} + \theta_{ib}^{moo} + \sum_{b' \in B} \theta_{ib'q}^{pas} y_{ib'} - 3\right) M, \forall i \in V^{shi}, \forall j \in V^{in}, \forall q \in Q, \forall b \in B$$

$$(7\text{-}19)$$

$$z_i = \sum_{t \in T} u_{it} t, \forall i \in V^{in} \cup V^{out} \cup V^{shi} \qquad (7\text{-}20)$$

$$x_{ij} + x_{ji} = 1, \forall i,j \in V^{in} \cup V^{out} \cup V^{shi}, i \neq j \qquad (7\text{-}21)$$

$$x_{ij} + x_{ji} = 0, \forall i,j \in V^{in} \cup V^{out} \cup V^{shi}, i = j \qquad (7\text{-}22)$$

$$z_i \in Z^+, \forall i \in V^{in} \cup V^{out} \cup V^{shi} \qquad (7\text{-}23)$$

$$a'_{iq} \geq 0, \forall i \in V^{in} \cup V^{out} \cup V^{shi}, \forall q \in Q \qquad (7\text{-}24)$$

$$u_{it} \in \{0,1\}, \forall i \in V^{in} \cup V^{out} \cup V^{shi}, \forall t \in T \qquad (7\text{-}25)$$

$$y_{ib} \in \{0,1\}, \forall i \in V^{in} \cup V^{out} \cup V^{shi}, \forall b \in B \qquad (7\text{-}26)$$

$$x_{ij} \in \{0,1\}, \forall i,j \in V^{in} \cup V^{out} \cup V^{shi} \qquad (7\text{-}27)$$

$$g_{ik} \in \{0,1\}, \forall i \in V^{in} \cup V^{out}, \forall k \in K \qquad (7\text{-}28)$$

$$R_i \in \{0,1\}, \forall i \in V^{in} \cup V^{out} \cup V^{shi} \qquad (7\text{-}29)$$

其中,目标函数即式(7-1)为最小化船舶进港/出港/移泊完成时间的加权和。模型 M7.1 的约束可分为如下四个部分:式(7-2)~式(7-4)为泊位分配约束;式(7-5)~式(7-10)为船舶进港/出港/移泊开始时间约束;式(7-11)~式(7-19)为船舶通航的安全性约束;式(7-20)和式(7-29)为变量取值约束。

在移除式(7-11)、式(7-12)和式(7-17)后,该模型变为双向航道海港短期泊位和航道滚动调度模型。在式(7-16)被移除后,它变成单向航道海港短期泊位和航道滚动调度模型。

7.3　基于列生成的启发式算法

鉴于通过商业求解器(如 GUROBI 求解器)来直接求解模型 M7.1 是非常耗时的,不能满足短期决策问题的滚动计划需求,本章将模型 M7.1 重建为集划分模型,并通过嵌入几种改进方法的列生成算法来求解该模型。

7.3.1 集划分模型

考虑到船舶的潜在会遇可能发生在交会点间,通过在任意两个相邻交会点间引入虚拟交会点来重构时空网络,使船舶的潜在会遇总是发生在交会点处。定义引入虚拟交会点后的交会点集合为 δ。对于依次通过两个相邻交会点 q 和 q' 的船舶而言,该船舶从交会点 q 到虚拟交会点 q''(介于交会点 q 和 q' 间)和从虚拟交会点 q'' 到交会点 q' 的航行时间分别等于其在交会点 q 和 q' 间的航行时间和 0。

基于上述分析,可构建原问题的集划分模型(MP7.1),其中每个列/变量表示一个由船舶在泊位和交会点占用时间构成的船舶计划。令 p 为所有船舶的可行计划集合。考虑到每个计划 $p \in P$ 消耗泊位、进港航道和出港航道共三类资源,定义三个参数以表示这三种资源的消耗。具体而言,定义 $0\text{-}1$ 系数 η_{pbt} 满足,若计划 $p \in P$ 在时步 $t \in T$ 占用泊位 $b \in B$ 则为 1,否则为 0;定义 $0\text{-}1$ 系数 ε_{pqt}^{in} 满足,若计划 $p \in P$ 在时步 $t \in T$ 占用进港交会点 $q \in \delta$ 则为 1,否则为 0;相似地,定义 $0\text{-}1$ 系数 ε_{pqt}^{out} 满足,若计划 $p \in P$ 在时步 $t \in T$ 占用出港交会点 $q \in \delta$ 则为 1,否则为 0。此外,定义 $0\text{-}1$ 系数 β_{ip} 满足,若计划 $p \in P$ 属于船舶 $i \in V^{in} \cup V^{out} \cup V^{shi}$ 则为 1,否则为 0,该参数用于构建船舶计划的集划分约束。对于占用泊位 $b \in B$ 的船舶 $i \in V^{in} \cup V^{out} \cup V^{shi}$ 的每个给定计划 $p \in P$,其成本系数可表示为 $\tau_p = \sum\limits_{i \in V^{in} \cup V^{out} \cup V^{shi}} \beta_{ip} w_i (z_i + \sum\limits_{b \in B} y_{ib} t_{ib})$。令 α_p 表示若计划 $p \in P$ 被选择用来构成解决方案则为 1,否则为 0。基于上述符号定义及说明,模型 M7.1 的最优解可通过求解如下模型 MP7.1 获得:

$$[\text{MP7.1}] \ \text{Min} \sum_{p \in P} \tau_p \alpha_p + \sum_{i \in V^{in} \cup V^{out} \cup V^{shi}} L_i^{pen} R_i \tag{7-30}$$

$$\text{s.t.} \quad \text{式}(7.29)$$

$$\sum_{p \in P} \beta_{ip} \alpha_p + R_i = 1, \ \forall i \in V^{in} \cup V^{out} \cup V^{shi} \tag{7-31}$$

$$\sum_{p \in P} \varepsilon_{pqt}^{in} \alpha_p \leqslant 1, \ \forall q \in \delta, \forall t \in T \tag{7-32}$$

$$\sum_{p \in P} \varepsilon_{pqt}^{out} \alpha_p \leqslant 1, \ \forall q \in \delta, \forall t \in T \tag{7-33}$$

$$\sum_{p \in P} \eta_{pbt} \alpha_p \leqslant 1, \ \forall b \in B, \forall t \in T \tag{7-34}$$

$$\alpha_p \in \{0, 1\}, \ \forall p \in P \tag{7-35}$$

其中,目标函数即式(7-30)为最小化所选船舶计划的总加权进港/出港/移泊完成时间。式(7-31)保证仅为每艘船舶选择一个计划。式(7-32)和式(7-33)分别保证每个进港和出港交会点在每个时步至多仅能被一艘船舶占用。式(7-34)保证每个泊位在每个时步至多仅能被一艘船舶占用。式(7-35)指定变量 α_p 的 $0\text{-}1$ 取值范围。

7.3.2 列生成算法框架

列生成(CG)算法的主要思路是首先解决包含一组初始列的限制主问题(RMP7.1),从而获

得对偶变量值(之所以称为"限制"是因为在 RMP7.1 中仅考虑 MP7.1 中所有列的集合 P 的子集 P^{sub};同时,松弛决策变量 α_p 的 0-1 取值约束,以保证模型 RMP7.1 可由线性规划算法快速求解)。然后,将该值传递给一组子问题(SPs7.1),对于本章问题而言,共有单向进港、双向进港、单向出港、双向出港和移泊船舶五种类型的子问题,子问题数量为 $\sum_{i \in V^{in} \cup V^{shi}} \sum_{b \in B} \theta_{ib}^{fea} + n$ 个。在每个子问题中,通过枚举方法获得多个具有负检验数(小于 $-1e-8$,下同)的列,并将其添加到模型 RMP7.1 中。为避免退化并加快列生成收敛,设计了终止规则,见 7.3.3 节。重复上述过程,直到不能获得检验数为负的列,此时 CG 算法提供了 MP7.1 的下界。若下界为整数解,则 CG 算法终止,获得原问题的最优解;否则,作为一种启发式算法,基于所获得的列直接求解模型 MP7.1 以提供近似最优的整数解。

7.3.3　算法的加速技术

为改善列生成(CG)算法的搜索性能,提出了以下三种加速技术:

1.基于 X-Y 邻域枚举的初始列生成策略

初始列生成策略的基本思路是将泊位分配问题和航道调度问题视为相互独立的两阶段问题。在第一阶段的泊位分配问题中,考虑船舶航行时间的影响,将该问题转换为指派问题,并由匈牙利算法求解。具体的泊位分配策略见算法 7.1。其中:ζ 表示二维 $|B| \times |B|$ 系数矩阵;ET_i 表示船舶 i 的预计进港/出港/移泊时间;MT_i 表示船舶 i 的就绪时间和最早乘潮时间的最大值;WCT_{ib} 表示靠泊泊位/分配泊位为泊位 b 的船舶 i 的加权作业完成时间。

算法 7.1:泊位分配策略

输入:相关数据及参数

输出:系数矩阵 ζ,泊位分配方案

1:初始化,设置 ζ 的每个元素值为 M

2:**for** 每艘船舶 $i \in V^{in} \cup V^{shi}$ · **do**

3:　　**for** 船舶 i 的可靠泊泊位 b · **do**

4:　　　　获得靠泊在泊位 b 的出港或移泊船舶

5:　　　　**if** 不存在出港或移泊船舶于该泊位靠泊 **then**

6:$ET_i \leftarrow MT_i$

7:$WCT_{ib} \leftarrow w_i \times (ET_i + t_{ib})$

8:　　　　　　将矩阵 ζ 位置 (i, b) 的元素值设为 WCT_{ib}

9:　　　　**else if** 存在出港或移泊船舶 j 于该泊位靠泊 **then**

10:　　　　　　$ET_j \leftarrow MT_j$

11:　　　　　　$WCT_{jb} \leftarrow w_j \times (ET_j + t_{jb})$

12:　　　　　　$ET_i \leftarrow \max\{MT_i, r_j + D - t_{ib}\}$

13:　　　　　　**if** 船舶 i 和 j 中至少有一艘为单向船舶或船舶 j 为移泊船舶 **then**

14:　　　　　　　　$ET_i \leftarrow ET_i + \max_{q \in Q}\{Q_{ibq}^{pas} \theta_{jbq}^{pas} t'_{ibq}\} + D$

15: **end if**

16: $WCT_{ib} \leftarrow w_j \times (ET_j + t_{ib})$

17: 将矩阵 ζ 位置 (i, b) 的元素值设为 $WCT_{ib} + WCT_{jb}$

18: **end if**

19: **end for**

20: **end for**

21: 采用匈牙利算法来求解具有系数矩阵 ζ 的指派问题

22: **return** 系数矩阵 ζ,泊位分配方案

算法 7.2:多泊位分配方案构造策略

输入:相关数据及参数 X

输出:多个泊位分配方案 ψ

1:初始化,将 ζ 的每个元素值均设为 M

2:执行算法 7.1 来获得一个泊位分配方案和系数矩阵 ζ

3:将获得的方案记录在矩阵 ψ 的第一行

4:**for** 每个方案 $sch \in \{2, 3, \cdots, (X \times m + 1)\} \cdot$ **do**

5: $\zeta' \leftarrow \zeta$

6:设置矩阵 ζ' 位置 $(sch-1, sch')$ 的元素值为 M

7: 采用匈牙利算法来求解具有系数矩阵 ζ' 的指派问题

8: 将新获得的方案记录在矩阵 ψ 的第 sch 行

9:**end for**

10:**return** 多个泊位分配方案 ψ

考虑到船舶进出航道时可能排队等待,因此算法 7.1 提供的泊位分配方案可能是次优的。为尽可能获得更优质的泊位分配计划,设计了算法 7.2 以构造多个泊位分配方案,共生成了 $X \times m$ 个附加的泊位分配方案。其中:X 表示附加泊位分配方案数量的控制参数;ψ 为二维 $(X \times m + 1) \times m$ 矩阵;符号 sch' 为所获得泊位分配方案中船舶 $sch-1$ 的泊位索引。

算法 7.3:基于 Y 邻域枚举的船舶排序策略

输入:相关数据及参数 Y 和 ψ

输出:船舶的泊位分配及进港、出港和移泊排序方案

1:**for** 每个泊位分配方案 $sch \in \psi \cdot$ **do**

2: $RSS \leftarrow \{1, 2, \cdots, m+n+s\} \cdot$ // $\cdot RSS$ 为待调度的船舶集合

3: **while** $RSS \neq \emptyset$ **do**

4: **for** 每艘船舶 $i \in RSS \cdot$ **do**

5: $ET_i \leftarrow$ 船舶 i 的最早进港/出港/移泊时间

6: **end for**

7: **if** RSS 中不存在进港和出港船舶 **then**

8:按最早移泊时间原则选择至多 Y 艘移泊船舶作为集合 SNS

9:**else**

10: 获得进出港船舶到达防波堤的最早时间

11：优先对进出港船舶按该时间排序，其次优先对其按权重排序

12：从给定船舶次序中依次选择至多 Y 艘船舶作为集合 SNS

13：获得最早移泊时间不超过 SNS 中到达防波堤最晚时间的船舶

14：　　**if** 存在移泊船舶 **then**

15：　　　　**do until** |SNS| ⩾ Y

16：　　　　　**if** 当前迭代为第一个子代 **then**

17：最小冲突原则：选择同已调度船舶共享交会点数最小的船舶

18：　　　　　**else**

19：最短时间原则：选择可移泊时间最早的移泊船舶

20：　　　　　**end if**

21：　　　　　将移泊船舶添加至集合 SNS 中

22：　　　　**loop**

23：　　　**end if**

24：　　**end if**

25：枚举 |SNS|！个船舶排序方案，并选择船舶总加权完成时间最小的方案

26：从 RSS 中移除选定方案的第一艘船舶

27：　**end while**

28：　记录当前的泊位分配和船舶排序方案

29：**end for**

30：**return** 最佳泊位分配和船舶排序方案

在算法 7.1 和算法 7.2 的基础上，算法 7.3 给出了基于 Y 邻域枚举的船舶排序策略，用以获得第二阶段的最佳航道运作计划（即船舶的进港、出港和移泊排序计划）。其中：Y 表示船舶排序策略的邻域长度；ψ 表示依次执行算法 7.1 和算法 7.2 后所得到的多个泊位分配方案。

2.子问题枚举方法

为提高子问题的求解效率，设计子问题枚举方法，即在每次迭代中枚举每个子问题可能的泊位分配和船舶排序方案以确定具有负检验数的列。对于给定子问题的每个可行船舶计划，其目标值仅与少数特定的对偶变量有关。因此，在每个子问题中，仅需计算船舶在进港和出港交会点及泊位的时空节点（即红点）所索引的对偶变量值之和，即可确定子问题目标值，而无须考虑矩阵内的所有元素。在每次迭代中，每个子问题都可在时间复杂度 $O(|T|)$ 内通过枚举法有效解决。

3.其他加速方法

列生成（CG）算法存在收敛缓慢和退化问题。一种常见而有效的加速方法是在每次迭代中传递多个具有负检验数的列到限制主问题 RMP7.1。提出的 CG 算法在每次迭代中从每个子问题获得至多 Col 个具有负检验数的列，并将其添加到模型 RMP7.1 中。此外，考虑到 CG 算法在后期迭代中经常出现收敛缓慢的情况，本章设置若 RMP7.1 的目标值在终止代数 $v(1 \leqslant v < 10)$ 内未超出偏差水平 $\varepsilon_1(0 \leqslant \varepsilon_1 < 1)$，则提前终止列生成算法。

7.4　案例分析

为评估所提出模型和求解算法的效率,设计了数值实验。本章实验运行在 x64 位 Intel Core i5 6500 CPU 和 8 GB 内存的 Windows 计算机上,模型和算法均采用 Python 语言编码,其中混合整数模型和线性规划模型均调用商业求解器 GUROBI 8.1.1 以默认配置求解。由于相邻计划的滚动间隔较短(考虑计划每 6 h 滚动一次),且港方对制订计划的时间有严格要求,因此设置算例的计算时限为 1 h。本章的数据配置与第 6 章相同,均是基于京唐港现场勘察数据而随机生成的。设置单向船舶比例为 30%。考虑了 10 种类型(就货物种类而言)船舶和 13 个交会点,其中虚拟交会点数为 12 个,因此总共 25 个交会点。船舶 i 的优先权重遵循 $w_i \sim Uniform(1,5)$。据京唐港的实地调研数据,在每 12 h 的滚动计划内最多有 6 艘船舶移泊。

考虑三种密度的船队规模来生成算例,即低密度船队(12~28 艘船舶,用 L 表示)、中密度船队(36~52 艘船舶,用 M 表示)和高密度船队(60~76 艘船舶,用 H 表示)。在每种密度下,生成 9 组具有不同船舶数量的算例,因此共有 27 组算例用以测试模型及算法的表现。每个算例组包含 5 个随机生成的测试算例,因此共有 135 个算例。为便于表述,以 M_23_17_6 表示具有 23 艘进港船、17 艘出港船和 6 艘移泊船的中密度船队。据 Meng 等(2015)的实验结果,设置 $\varepsilon_1 = 0.000\,001$ 和 $\nu = 5$;通过多次实验对比,设置 $Col = 30$。

为评估所提出的列生成(CG)算法在求解质量和计算时间方面的表现,引入了三种基准方法以在不同规模算例下对比其计算结果。

第一个基准方法是通过嵌入在 GUROBI 求解器中的分支切割算法直接求解在第 7.2 节中提出的混合整数线性规划(MILP)模型 M7.1。第二个基准方法是截断列生成(TCG)启发式算法,该算法被广泛用于解决各类组合优化问题,尤其是多站点车辆调度问题(见 Pepin 等,2009;Guedes 等,2016;Kulkarni 等,2018)。在截断列生成(TCG)启发式算法中,只要模型 RMP7.1 的目标值在给定的终止迭代次数内没有改进,该算法的迭代就会被提前终止。当子问题无法提供检验数为负的列或算法迭代被提前终止时,通常会获得问题的非整数(分数)解,此时所有大于或等于 $\sigma(0.5<\sigma<1)$ 的分量值都被四舍五入为 1。对于那些取值小于 σ 的分量,TCG 按降序依次选择一个分量/变量并将其值固定为 1。由于将变量固定为 1 意味着为相应船舶选定作业计划/方案,因此算法总会被重新启动,以考虑未选定作业方案的船舶所对应的子问题(从中生成新的列/方案)。第三个基准方法是列枚举(CE)方法,即枚举所有可能的列,然后直接通过 GUROBI 求解器求解包含这些列在内的集划分模型(即主问题模型 MP7.1)。

采用所提出的 CG 算法及 GUROBI、TCG 和 CE 三个基准方法来求解算例。根据 Guedes 等(2016)和 Kulkarni 等(2018)报告的实验结果,通过多次实验对比,设置 TCG 方法的参数 $\sigma = 0.7$ 和 $C = 1\,000$。表 7-2 展示了所提出 CG 算法同 TCG、GUROBI 和 CE 方法的对比结果。其中:符号 CG_EMs 指的是具有所有加速方法的 CG 算法(即本章所提出的 CG 算法);符号 LB、Obj 和# Col 分别表示下界、目标值和列数;最优解的平均目标值(仅当同时获得 5 个算例的最优解时)用下划线"_"标出,以便区分。表 7-2 第 2 列表示就目标值而言 CG_EMs 不劣于 MILP/GUROBI 的(每 5 个算例的)算例数。

表 7-2　提出的 CG_EMs 方法同 TCG、GUROBI 和 CE 方法的对比结果

算例组	计数	CG_Ems				TCG				MILP/GUROBI			CE			Gap (%)
		#Col	LB	Obj	时间	#Col	LB	Obj	时间	LB	Obj	时间	LB	Obj	时间	
低密度船队																
L_5_5_2	5	164	1 588	1 598	5	224	1 588	1 603	7	1 598	1 598	27	1 598	1 598	86	0.00
L_5_8_2	5	111	1 641	1 649	5	147	1 641	1 649	8	1 649	1 649	34	1 649	1 649	86	0.00
L_5_11_2	5	338	1 740	1 755	8	479	1 740	1 780	12	1 755	1 755	43	1 755	1 755	118	0.00
L_8_5_4	5	130	1 927	1 936	7	181	1 927	1 942	10	1 936	1 936	70	1 936	1 936	126	0.00
L_8_8_4	5	293	1 996	2 008	9	490	1 996	2 012	22	2 008	2 008	81	2 008	2 008	129	0.00
L_8_11_4	5	264	2 868	2 884	10	455	2 868	2 896	18	2 884	2 884	92	2 884	2 884	133	0.00
L_11_5_6	5	209	2 488	2 494	11	297	2 488	2 500	13	2 494	2 494	132	2 494	2 494	166	0.00
L_11_8_6	5	302	3 103	3 115	13	655	3 103	3 125	26	3 115	3 115	155	3 115	3 115	188	0.00
L_11_11_6	5	431	2 820	2 847	15	765	2 820	2 864	29	2 847	2 847	162	2 847	2 847	157	0.00
中密度船队																
M_17_17_2	5	743	4 664	4 707	29	1 073	4 664	4 754	43	4 707	4 707	193	4 707	4 707	290	0.00
M_17_20_2	5	1 165	4 724	4 779	35	1 916	4 724	4 843	58	4 779	4 779	219	4 779	4 779	315	0.00
M_17_23_2	5	1 360	5 107	5 183	38	2 375	5 107	5 324	65	5 183	5 183	258	5 183	5 183	336	0.00
M_20_17_4	5	1 520	5 163	5 211	39	2 419	5 163	5 278	83	5 211	5 211	282	5 211	5 211	374	0.00
M_20_20_4	5	1 960	5 336	5 407	45	3 127	5 336	5 548	120	5 407	5 407	358	5 407	5 407	382	0.00
M_20_23_4	5	1 844	5 991	6 082	47	3 645	5 991	6 177	101	6 082	6 082	402	6 082	6 082	387	0.00
M_23_17_6	5	2 635	6 022	6 108	52	4 054	6 022	6 237	93	6 108	6 108	523	6 108	6 108	401	0.00
M_23_20_6	5	2 627	5 919	6 010	59	4 127	5 919	6 123	102	6 010	6 010	595	6 010	6 010	382	0.00
M_23_23_6	5	2 682	6 326	6 426	55	4 016	6 326	6 568	144	6 411	6 429	1 098	6 426	6 426	390	0.00
高密度船队																
H_29_29_2	3	5 954	7 394	7 609	106	8 658	7 394	7 825	191	7 531	7 621	3 167	7 601	7 602	1 747	0.11
H_29_32_2	5	6 730	8 506	8 798	159	10 434	8 506	9 277	345	8 663	8 821	3 600	8 751	8 798	2 914	0.54
H_29_35_2	4	6 676	8 529	8 844	206	9 881	8 529	9 205	220	8 662	8 886	3 600	8 755	8 846	3 024	1.02
H_32_29_4	4	6 999	8 031	8 319	171	10 662	8 031	8 752	246	8 156	8 375	3 551	8 251	8 319	2 923	0.82
H_32_32_4	4	7 292	9 235	9 623	241	10 903	9 235	10 214	278	9 330	9 667	3 600	9 497	9 622	3 486	1.33
H_32_35_4	4	8 588	9 028	9 378	282	12 389	9 028	9 872	255	9 163	9 407	3 600	9 287	9 373	3 600	0.98
H_35_29_6	4	8 634	9 068	9 382	326	12 441	9 068	10 042	252	9 196	9 396	3 600	9 298	9 394	2 444	0.90
H_35_32_6	4	8 956	9 649	10 031	287	13 071	9 649	10 681	275	9 813	10 106	3 600	9 897	10 033	3 119	1.35
H_35_35_6	5	9 936	10 852	11 326	460	14 903	10 852	12 160	393	11 015	11 401	3 600	11 153	11 328	3 600	1.55
平均值	5	3 279	5 545	5 686	101	4 955	5 545	5 898	126	5 619	5 699	1 357	5 655	5 686	1 159	0.32

注：目标值和下界的单位为时步，时间单位为 s。

从表 7-2 可知，就每 5 个算例的平均目标值而言，CG_EMs 完全支配 TCG 和 MILP/GUROBI，而 MILP/GUROBI 完全支配 TCG。具体而言，CG_EMs 的求解质量最好，TCG 的求解质量最差，MILP/GUROBI 的求解质量介于这两者之间。由 CG_EMs 获得 135 个算例的解决方

案中有 128 个优于 MILP/GUROBI 所获得的。此外,通过同 CE 对比可以发现,CG_EMs 与 CE 获得的目标值相当,但 CG_EMs 明显快于 CE,计算时间往往相差几倍。这是因为 CE 方法的需求解包含大量列在内的模型 MP7.1,因此计算时间更长。这一结果表明,CG_EMs 算法是解决短期泊位和航道调度问题的有效工具。从表 7-2 可进一步观察到,对于所有算例,CG_EMs 算法获得的目标值同下界的平均偏差仅为 0.32%。对于低密度和中密度船队规模,CG_EMs 算法可在 1 min 内求解问题算例,而对于高密度船队规模,该算法可在 10 min 内求解问题算例。上述结果验证了所提出 CG_EMs/CG 算法的实用性。

7.5　本章小结

本章研究了短期泊位和航道滚动调度问题,通过对比本领域其他学者的工作,本章主要贡献包括两个方面:

第一,研究了短期泊位和航道滚动计划问题,从短期视角出发,统筹考虑船舶的最新预抵港信息和港口资源的实时状况,以对现有中长期泊位分配计划及时调整和改进。以往研究未能脱离日度和周度泊位计划的框架,难以充分利用港口的现有资源,尤其是缺乏应对突发性事件的办法。通过分析短期泊位分配问题的特点,提出了混合整数线性规划模型。与以往研究不同,该模型首次考虑了单双向切换航道的影响,并兼顾了船舶移泊、多港池多锚地分布、泊位与船舶匹配约束及潮汐等现实因素,能够刻画港池内和港池间的船舶活动;该模型可嵌入滚动计划调度框架中以捕获不确定性和随机性因素的影响。

第二,通过引入虚拟交会点(用以表示航道的不同位置)来重构船舶时空网络,进而将原模型重建为一个新的集划分模型,并首次提出了列生成(CG)算法来求解重建后的模型;设计了几种改进方法以提高 CG 算法的性能,包括基于 X–Y 邻域枚举的初始列生成策略、子问题枚举方法、多列添加策略和终止规则。研究成果有助于港方充分利用现有资源来为大型船舶提供服务,从而帮助港口在港间竞争中抢得先机和吸引货源,为港口带来效益。

第8章

不确定环境下复式航道港口泊位和航道调度问题

8.1 概述

泊位分配和航道运作的集成计划作为缓解海港拥堵的可行措施被广泛采用。然而,这并不是一项容易的任务。首先,这两个决策在时间和管理上存在不匹配,本章考虑周度/中长期泊位计划,该计划需在船舶抵港前几天解决,以协调港口堆场和集疏运系统的运作计划;而航道运作则属于日度决策(每天计划一次)。此外,在港口实际运营中,存在许多影响船舶抵港和装卸时间的不确定性因素,如大风和大雾天气及设备故障等,这进一步增加了集成调度的难度。然而,在制订中长期泊位分配计划时,上述因素的影响是不确定的,仅当泊位分配决策确定后方能确切知悉,且会直接影响每日的航道运作计划。因此,港口运营商/港方需在一个两阶段随机规划框架中决策泊位分配和航道运作计划。

其次,在日度航道运作计划中,港方出于航行安全考虑,会强制为一些进出港船舶(特别是载重吨位较大的船舶)配备拖船。但大多数海港的拖船资源十分有限,导致船舶需频繁等待拖船的协助。拖船指派计划影响船舶的进出港时间,进而影响其在泊位和航道的调度计划。特别是当由同一拖船协助的两艘船舶位于相距较远的不同锚地或港池时,拖船调度的影响尤为显著。

最后,由不规则地质条件所导致的复杂港口配置进一步增加了解决问题的难度。世界上许多海港都配备了单向航道(即一条航道,一次只允许船舶在一个航向/方向航行)、双向航道(即两条航道,每条航道都实行单向通航)和多航道(即多条单向航道),分别例如温哥华港(加拿大)、洋山港(中国)和外高桥港(中国)。这些航道配置吸引了许多的研究工作(郑红星等,

2018b；Lalla-Ruiz 等，2018；Li 和 Jia，2019）。然而，还存在另一种航道类型：复式航道。该航道具有多条单向航道，且任意两条相邻航道均可被同时占用以供单向/大型船舶进出。此外，多港池多锚地分布、船舶异质航速、泊位与船舶匹配约束及潮汐等现实因素也被考虑到本章问题中。

8.2 问题描述及建模

8.2.1 问题描述

港方在制订船舶服务计划时必须于两个连续阶段做出决策。在第一阶段，港方需确定 m 艘抵港船舶的泊位分配计划，其中一些泊位可能由上一计划期内进港的船舶所占用，在此定义 n 表示此类船舶（只出不进的船舶）的数量。船舶抵港时间和装卸时间的不确定性也需在这一阶段考虑，并由一组情景 Ω 表示。在船舶的泊位分配计划确定后，可观察到实际的船舶抵港和装卸信息。据此，港方需在第二阶段制订航道运作计划，以补偿第一阶段决策可能带来的负面影响。此时，港方需在每种情景 $\omega \in \Omega$ 下，为 $m+m+n$ 个船舶活动（即抵港船舶的进出港活动及只出不进船舶的出港活动）分配可用的航道和拖船，并确定其进出港时机。

本章问题（简称 BA-STS 问题）可描述为：给定海港配置，如何在综合考虑上述现实因素的基础上，制订不确定环境下抵港船舶的泊位分配计划（第一阶段）及不同情景下船舶在航道的运作计划（第二阶段）。后者包括船舶的进出次序、进出港开始时间、潮汐时间窗选择、航道分配和拖船指派，以最小化船舶的期望总加权离港时间。该问题的最优解包含一个泊位分配计划和一组针对每个随机结果（情景）而制订的航道运作计划。

8.2.2 两阶段随机规划模型

基于表 8-1 中的符号定义，可提出该问题的两阶段混合整数随机线性规划模型。对于第一阶段泊位分配决策，有以下约束：

$$\sum_{b \in B_i} y_{ib} = 1, \forall i \in V \cup V^{out} \tag{8-1}$$

$$y_{(v_i^{out})b} = y_{ib}, \forall i \in V, \forall b \in B_i \tag{8-2}$$

表 8-1 符号说明

集合和参数	
V	抵港船舶集合，其中 $|V|=m$；也表示船舶的进港活动集合
v_i^{out}	抵港船舶 i 的出港活动
V^{out}	只出不进船舶集合，即在计划期初位于港内的船舶，其中 $|V|=m$
V^{all}	所有船舶活动集合，其中 $V^{all}=V \cup V^{out} \cup \{v_i^{out} | i \in V\}$ 且 $|V^{all}|=m+m+n$
V^{tid}	乘潮船舶活动集合

续表

集合和参数	
B_i	船舶 i 的可靠泊泊位集合(满足泊位与船舶匹配约束)
U_i	船舶 i 的可指派/分配拖船集合(见假设 8.3)
L_i	船舶 i 的可行/可航行航道集合(如大型船舶禁止在小船航道内航行)
K_i	船舶 i 的潮汐时间窗集合
$\rho(\omega)$	情景 ω 的概率,满足 $\omega \in \Omega$,其中 Ω 为情景集合(见 8.2.1 节)
M	充分大的正数
E	交会点(即船舶可能会遇的位置)集合
f_i	0-1 系数,若船舶活动 i 是单向的则为 1,否则为 0
q_l	大小为 d 的(辅助)向量 l,满足 $q_l = (-1, 1, -1, 1, \ldots, (-1)^d)$,其中 d 表示航道数量
D^{cha}	船舶在航道的安全航行间距,由船舶航行时间表示(下同)
D^{ber}	船舶在泊位的安全靠泊间距
w_i	船舶 i 的优先权重
$a_i(\omega)$	船舶 i 在情景 ω 下的抵港时间
$h_i(\omega)$	船舶 i 在情景 ω 下的货物装卸时间
θ_{ibe}	船舶活动 i 从锚地/泊位 b 到交会点 e 的航行时间
π_{ib}	分配/系泊泊位 b 的船舶活动 i 的进港/出港航行时间
λ_{ibe}	0-1 系数,若分配/系泊泊位 b 的船舶活动 i 途经交会点 e 则为 1,否则为 0
τ_i	船舶活动 i 所需要的拖船数量
$\Delta\theta_{bi}$	拖船从泊位 b 到进港船舶 i 开始需要拖船协助的位置的航行时间
$\Delta\theta'_{bb'}$	拖船从泊位 b 到泊位 b' 的航行时间
$\Delta\theta''_{ij}$	拖船从船舶 i 不再需要拖船协助的位置到船舶 j 开始需要拖船协助的位置的航行时间
$\Delta\theta'''_{ib'}$	拖船从船舶 i 不再需要拖船协助的位置到泊位 b' 的航行时间
θ^{sta}_{ib}	分配/系泊泊位 b 的船舶活动 i 在起锚/离泊后开始需要拖船协助的时间
θ^{end}_{ib}	分配/系泊泊位 b 的船舶活动 i 在起锚/离泊后不再需要拖船协助的时间
$[g^{low}_{ik}, g^{upp}_{ik}]$	船舶活动 i 的第 k 个潮汐时间窗
决策变量	
y_{ib}	0-1 变量,若泊位 b 被分配给船舶活动 i 则为 1,否则为 0
$x_{ij}(\omega)$	0-1 变量,若在情景 ω 下船舶活动 j 在船舶活动 i 之后调度则为 1,否则为 0
$z_{il}(\omega)$	0-1 变量,若在情景 ω 下航道 l 被分配给船舶活动 i 则为 1,否则为 0
$\varphi_{iu}(\omega)$	0-1 变量,若在情景 ω 下拖船 u 被指派给船舶活动 i 则为 1,否则为 0
$r_{ik}(\omega)$	0-1 变量,若在情景 ω 下船舶活动 i 借助第 k 次潮汐进出港口则为 1,否则为 0
$s_i(\omega)$	连续变量,在情景 ω 下船舶活动 i 的进出港开始时间

其中,式(8-1)表示为每艘抵港船舶分配一个可靠泊泊位,同时为只出不进船舶指定系泊泊位。式(8-2)保证同一艘抵港船舶的进港和出港活动关联于同一泊位。

对于第二阶段每个情景 ω 下的航道运作决策(变量 $x_{ij}(\omega)$、$z_{il}(\omega)$、$\varphi_{iu}(\omega)$、$r_{ik}(\omega)$ 和 $s_i(\omega)$),相关约束可表述为以下五类。

1. 船舶基本时间窗约束

$$s_i(\omega) \geq a_i(\omega), \forall i \in V, \forall \omega \in \Omega \tag{8-3}$$

$$s_{(v_i^{out})}(\omega) \geq s_i(\omega) + \sum_{b \in B_i} y_{ib}\pi_{ib} + h_i(\omega), \forall i \in V, \forall \omega \in \Omega \tag{8-4}$$

$$s_i(\omega) \geq h_i(\omega), \forall i \in V^{out}, \forall \omega \in \Omega \tag{8-5}$$

其中,式(8-3)保证船舶在抵港后方可进港。式(8-4)表示抵港船舶的出港开始时间不得早于其进港开始时间、进港航行时间及货物装卸时间之和。式(8-5)迫使只出不进船舶在其剩余货物装卸完成后出港。

2. 船舶安全通航约束

$$\sum_{l \in L_i} z_{il}(\omega) = 1 + f_i, \forall i \in V^{all}, \forall \omega \in \Omega \tag{8-6}$$

$$\sum_{l \in L_i} q_l l z_{il}(\omega) \leq 1, \forall i \in V^{all}, f_i = 1, \forall \omega \in \Omega \tag{8-7}$$

$$\sum_{l \in L_i} q_l l z_{il}(\omega) \geq -1, \forall i \in V^{all}, f_i = 1, \forall \omega \in \Omega \tag{8-8}$$

其中,式(8-6)保证每个船舶活动都被分配特定数量的航道。式(8-7)和式(8-8)进一步保证单向/大型船舶占用的两条航道为相邻航道。

在航道处,任意两艘分配于同一航道的船舶必须在其所共同经过的交会点处/间保持安全航行间距 D^{cha},可表示为:

$$s_j(\omega) + \sum_{b' \in B_j} (\theta_{jb'e} - \lambda_{jb'e}M)y_{jb'} \geq s_i(\omega) + \sum_{b \in B_i} (\theta_{ibe} + \lambda_{ibe}M)y_{ib} + D^{cha} +$$
$$(x_{ij}(\omega) + z_{il}(\omega) + z_{jl}(\omega) - 5)M, \forall i,j \in V^{all}, \forall l \in L_i \cap L_j, \forall e \in E, \forall \omega \in \Omega \tag{8-9}$$

在泊位处,任意两艘船舶在同一泊位的连续靠泊和离泊作业间需保持一个缓冲时间 D^{ber}(或称靠泊安全间距),可表示为:

$$s_j(\omega) + \pi_{jb} \geq s_{(v_i^{out})}(\omega) + D^{ber} + (y_{ib} + y_{jb} + x_{ij}(\omega) - 3)M, \forall i,j \in V,$$
$$\forall b \in B_i \cap B_j, \forall \omega \in \Omega \tag{8-10}$$

$$s_j(\omega) + \pi_{jb} \geq s_i(\omega) + D^{ber} + (y_{ib} + y_{jb} - 2)M, \forall i \in V^{out}, \forall j \in V,$$
$$\forall b \in B_i \cap B_j, \forall \omega \in \Omega \tag{8-11}$$

$$x_{ij}(\omega) + x_{ji}(\omega) = 1, \forall i,j \in V^{all}, i \neq j, \forall \omega \in \Omega \tag{8-12}$$

3. 拖船调度约束

$$\sum_{u \in U_i} \varphi_{iu}(\omega) = \tau_i, \forall i \in V^{all}, \forall \omega \in \Omega \tag{8-13}$$

$$s_j(\omega) + \sum_{b' \in B_j} \theta_{jb'}^{sta} y_{jb'} \geq s_i(\omega) + \sum_{b \in B_i} (\theta_{ib}^{end} + \Delta\theta_{bj})y_{ib} +$$
$$(\varphi_{iu}(\omega) + \varphi_{ju}(\omega) + x_{ij}(\omega) - 3)M, \forall i,j \in V, \forall u \in U_i \cap U_j, \forall \omega \in \Omega \tag{8-14}$$

$$s_j(\omega) + \sum_{b' \in B_j} (\theta_{jb'}^{sta} - \Delta\theta'_{bb'})y_{jb'} \geq s_i(\omega) + \theta_{ib}^{end} + (\varphi_{iu}(\omega) + \varphi_{ju}(\omega) + x_{ij}(\omega) + y_{ib} - 4)M,$$

$$\forall i \in V, \forall j \in V^{all} \setminus V, \forall b \in B_i, \forall u \in U_i \cap U_j, \forall \omega \in \Omega \tag{8-15}$$

$$s_j(\omega) + \sum_{b' \in B_j} \theta_{jb'}^{sta} y_{jb'} \geqslant s_i(\omega) + \sum_{b \in B_i} \theta_{ib}^{end} y_{ib} + \Delta\theta''_{ij} + (\varphi_{iu}(\omega) + \varphi_{ju}(\omega) + x_{ij}(\omega) - 3)M,$$

$$\forall i \in V^{all} \setminus V, \forall j \in V, \forall u \in U_i \cap U_j, \forall \omega \in \Omega \tag{8-16}$$

$$s_j(\omega) + \sum_{b' \in B_j} (\theta_{jb'}^{sta} - \Delta\theta'''_{ib'}) y_{jb'} \geqslant s_i(\omega) + \sum_{b \in B_i} \theta_{ib}^{end} y_{ib} +$$

$$(\varphi_{iu}(\omega) + \varphi_{ju}(\omega) + x_{ij}(\omega) - 3)M, \forall i,j \in V^{all} \setminus V, \forall u \in U_i \cap U_j, \forall \omega \in \Omega \tag{8-17}$$

式(8-14)~式(8-17)分别表示考虑拖船进—切—进、进—切—出、出—切—进、出—切—出转移活动时船舶的进出港开始时间约束。

4.潮汐时间窗约束

$$\sum_{k \in K_i} r_{ik}(\omega) = 1, \forall i \in V^{tid}, \forall \omega \in \Omega \tag{8-18}$$

$$\sum_{k \in K_i} g_{ik}^{low} r_{ik}(\omega) \leqslant s_i(\omega), \forall i \in V^{tid}, \forall \omega \in \Omega \tag{8-19}$$

$$\sum_{k \in K_i} g_{ik}^{upp} r_{ik}(\omega) \geqslant s_i(\omega) + \sum_{b \in B_i} y_{ib} \pi_{ib}, \forall i \in V^{tid}, \forall \omega \in \Omega \tag{8-20}$$

式(8-18)~式(8-20)保证乘潮船舶进/出活动仅在一个时间窗内进行。

5.两阶段随机规划模型

BA-STS 问题可表述为两阶段混合整数随机线性规划模型如下：

$$[M8.1] \min\left\{ \sum_{\omega \in \Omega} \rho(\omega) \left(\sum_{i \in V^{all} \setminus V} w_i \left(s_i(\omega) + \sum_{b \in B_i} y_{ib} \pi_{ib} \right) \right) \right\} \tag{8-21}$$

s.t. 式(8-1)~式(8-20)

$$s_i(\omega) \geqslant 0, \forall i \in V^{all}, \forall \omega \in \Omega \tag{8-22}$$

$$r_{ik}(\omega) \in \{0,1\}, \forall i \in V^{tid}, \forall k \in K_i, \forall \omega \in \Omega \tag{8-23}$$

$$y_{ib}, x_{ij}(\omega), z_{il}(\omega), \varphi_{iu}(\omega) \in \{0,1\}, \forall i,j \in V^{all}, \forall b \in B_i, \forall l \in L_i, \forall u \in U_i, \forall \omega \in \Omega \tag{8-24}$$

其中,目标函数即式(8-21)为最小化所有情景下船舶的期望总加权离港时间。式(8-22)~式(8-24)表示变量取值范围。

8.3　两阶段 Benders 分解算法

两阶段 Benders 分解算法(即阶段分解法,简称 SMD;见 Laporte 和 Louveaux,1993;Angulo 等,2016;Wang 和 Meng,2020;Sanci 和 Daskin,2021)已被广泛用来求解两阶段随机规划问题。该算法是 Benders 分解算法(Benders,1962)对于混合整数随机规划的扩展,其基本思想是将原问题按阶段分解为一个主问题(简称 MP8.1,对于第一阶段)和一组子问题(简称 SPs8.1,对于第二阶段的每个情景)。然后,迭代求解 MP8.1 和 SPs8.1:将 MP8.1 的最优解传递给 SPs8.1,并求解 SPs8.1 以向 MP8.1 添加新的切割(割平面约束)。重复上述迭代,直到无法获得有效切割或满足终止条件。

对于 BA-STS 问题,SDM 首先将原模型(见 8.2.2 节)的第一阶段决策变量 y_{ib} 分配给 MP8.

1,将其第二阶段决策变量 $s_i(\omega)$、$r_{ik}(\omega)$、$x_{ij}(\omega)$、$z_{il}(\omega)$ 和 $\varphi_{iu}(\omega)$ 保留至 SPs8.1 中。假定 $\bar{y}_{ib}$ 是 SDM 对第一阶段问题的决策(即 MP8.1 的最优解)。当变量 y_{ib} 被固定为 $\bar{y}_{ib}$ 时,原模型可按情景 被划分为一组子问题模型 SPs8.1(共 Ω 个)。此后,通过求解器求解 SPs8.1 生成一组有效切割 并将其添加到模型 MP8.1 中。令 $\Phi(y_{ib},\xi'(\omega))$、RSPs8.1 和 L_ω 分别表示从 SPs8.1 中生成的 所有切割的集合、模型 SPs8.1 的线性松弛和情景 ω 下 RSPs8.1 的目标值(即子问题 SPs8.1_ω 的下界),其中 $\xi'(\omega)$ 为辅助变量,用以计算目标值。由此,模型 MP8.1 可构建如下:

$$[\text{MP8.1}] \quad \min \sum_{\omega \in \Omega} w_i \xi'(\omega) \tag{8-25}$$

$$\text{s.t.} \quad \text{式(8-1)和式(8-2)}$$

$$\Phi(y_{ib},\xi'(\omega)), \forall i \in V^{all}, \forall b \in B_i, \forall \omega \in \Omega \tag{8-26}$$

$$\xi'(\omega) \geq L_\omega, \forall \omega \in \Omega \tag{8-27}$$

$$y_{ib} \in \{0,1\}, \forall i \in V^{all}, \forall b \in B_i \tag{8-28}$$

$$\xi'(\omega) \geq 0, \forall \omega \in \Omega \tag{8-29}$$

其中,式(8-27)保证模型 MP8.1 的有界性。对于任何满足式(8-1)和(8-2)的泊位分配计 划 $\bar{y}_{ib}$,很容易验证 SPs8.1 和 RSPs8.1 总是可行且有界的。由于互补松弛定理(对偶理论), RSPs8.1 的对偶也是可行且有界的。因此,式(8-26)可通过最优性切割和 Benders 切割来生成/ 构造。令 $\hat{Z}^{ESP}(\omega)$ 表示子问题 ω 的最优目标值。引入集合 $A(\bar{y}_{ib}) = \{(i,b) | i \in V^{all}, b \in B_i; \bar{y}_{ib}=1\}$,最优性切割可表示为:

$$\xi'(\omega) \geq (\hat{Z}^{ESP}(\omega) - L_\omega)\left(\sum_{(i,b) \in A(\bar{y}_{ib})} y_{ib} - \sum_{(i,b) \notin A(\bar{y}_{ib})} y_{ib} - |A(\bar{y}_{ib})|\right) + \hat{Z}^{ESP}(\omega), \forall \omega \in \Omega \tag{8-30}$$

切割即式(8-30)保证了 SDM 的最优性(关于该切割最优性的证明,见 Laporte 和 Louveaux, 1993)。本章还添加了由模型 RSPs8.1 所生成的 Benders 切割(见 Angulo 等,2016;Wang 和 Meng,2020)以提高 SDM 的下界。

此外,本章采用三种方法来加速 SDM 的收敛。第一种方法是基于问题的特点生成初始可 行解[限于篇幅,具体可见 Liu 等(2022)]。类似于列生成算法,SDM 在迭代的最后阶段也常出 现收敛缓慢的现象,即随着迭代次数的增加,求解质量的改进变得越来越小。因此,本章设计了 第二种方法,即邻域固定法。该方法的主要思想是保证在 NAIter 次迭代内都未出现/获得的泊 位分配计划在随后的迭代中也不会出现。换言之,当迭代次数达到 NAIter 时,将从未取过 1 的 变量 y_{ib} 的值设置为 0。最后,通过初步实验观察到,仅从每个子问题中生成一个切割会导致 SDM 收敛缓慢。为向 MP8.1 提供更多有用信息,从而加速 SDM 收敛,本章采用了多切割生成 方法,即在每次迭代中向 MP8.1 添加多个切割。SDM 以最大迭代次数作为终止准则;同时,为 保证计算时间合理,只要在预定迭代次数内未改进全局最优解,就提前终止 SDM。

8.4　基于阶段分解的启发式算法

DHA 在分解方式上与 SDM 相似,但更侧重于针对问题特点设计主问题和子问题的求解方 法。具体而言,DHA 首先将 BA-STS 问题分解为一个泊位分配问题[即式(8-1)~式(8-5)、式 (8-10)~式(8-12)和式(8-18)~式(8-24)]和一组不同情景下的航道运作问题[即对于每个情

景 $\omega \in \Omega$ 下的式(8-3)~式(8-24)],然后迭代求解这两类问题以获得原问题的最优或近似最优解。

8.4.1　初始解邻域枚举方法

为获得高质量的初始可行解,本章基于 BA-STS 问题的特点设计了邻域枚举方法,见算法8.1。其中:$SolN$ 表示需生成初始解的数量;w_u^{tug} 为 $\sum_{u' \in U_j, j \in V^{nei}} w_u^{tug}{}' \times RT_u^{tug}{}' - w_u^{tug} \times RT_u^{tug}$;$w_l^{cha}$ 为 $\sum_{l' \in L_j, j \in V^{nei}} w_l^{cha}{}' \times RT_l^{cha}{}' - w_l^{cha} \times RT_l^{cha}$。算法 8.1 共生成 $SolN$ 个初始可行解,并输出最佳可行解作为 DHA 的初始解。

算法 8.1:初始解邻域枚举方法(输入:BTN、$BAPT$、$NeiS$、$NeiT$ 和 $SolN$)

步骤 1　为第一阶段问题构造一个泊位分配计划:

　　步骤 1.1　按泊位类型的不同将模型 RM8.1 分解为 BTN 个相互独立的模型。

　　步骤 1.2　通过求解器在时限 $BAPT$ 内求解模型以获得一个泊位分配计划。

步骤 2　为第二阶段问题构造 $SolN \times |\Omega|$ 个航道运作计划,对于情景 $\omega \in \Omega$ 下的每个解 $s \in \{1, 2, \dots, SolN\}$ 执行步骤 2.1~2.8:

　　步骤 2.1　令 $T^{rec} \leftarrow 0$,计算所有情景下船舶基准时间线的平均值 $ET_i, \forall i \in V^{all}$。

　　步骤 2.2　获得分配泊位被其他船舶所占用的船舶活动集合 V^{ope}。

　　步骤 2.3　令 $V^{nei} \leftarrow \{i \mid ET_i \leqslant \max\{\min_{j \in V^{ope}}\{ET_j\}, T^{rec}\} + NeiT, i \in V^{ope}\}$。

　　步骤 2.4　若 $|V^{nei}| > NeiS$,则随机选择如下策略来获得 $NeiS$ 个船舶活动(集合 V^{nei}),①按概率 $(\sum_{k \in V^{nei}} ET_k - ET_i) / \sum_{j \in V^{nei}} (\sum_{k \in V^{nei}} ET_k - ET_j), i \in V^{nei}$;

　　　　②按概率 $w_i / \sum_{j \in V^{nei}} w_j, i \in V^{nei}$,否则转至步骤 2.5。

　　步骤 2.5　令 $w_u^{tug} \leftarrow |\{i \mid u \in U_i, i \in V^{nei}\}|$ 和 $w_l^{cha} \leftarrow |\{i \mid l \in L_i, i \in V^{nei}\}|$。

　　步骤 2.6　枚举 $|V^{nei}|!$ 个方案,每个方案 $p \in \{1, 2, \dots, |V^{nei}|!\}$ 执行步骤 2.6.1~2.6.4:

　　　　步骤 2.6.1　计算拖船和航道的可用时间 $RT_u^{tug}, u \in U_i, i \in V^{nei}$ 和 $RT_l^{cha}, l \in L_i, i \in V^{nei}$。

　　　　步骤 2.6.2　策略①按照 RT_u^{tug} 升序为船舶 V^{nei} 分配拖船;策略②按照概率 $W_u^{tug} / \sum_{u' \in U_j, j \in V^{nei}} W_u^{tug}{}'$ 为其分配拖船。

　　　　步骤 2.6.3　策略①按照 RT_l^{cha} 升序为船舶 V^{nei} 分配航道;策略②按照概率 $W_l^{cha} / \sum_{l' \in L_j, j \in V^{nei}} W_l^{cha}{}'$ 为其分配航道。

　　　　步骤 2.6.4　计算上述 $|V^{nei}|$ 个船舶活动的总加权离港时间。

　　步骤 2.7　选择最佳方案,并调度该方案中第一艘船舶 i',令 $T^{rec} \leftarrow ET_{i'}$。

　　步骤 2.8　重复步骤 2.2~2.7,直到所有船舶活动均完成调度。

步骤 3　返回最佳的可行解。

8.4.2　基于 MIP 的变邻域搜索策略

本章设计了两种变邻域搜索策略,以改进 DHA 在求解第一阶段问题时所获得的泊位分配

计划。①基于 MIP 的变时间邻域搜索策略,见算法 8.2,其中 PHL、TNL 和 α_1 分别为计划期长度、时间邻域长度(初值为 $NeiT$)和时间邻域变化率。②基于 MIP 的变空间邻域搜索策略,见算法 8.3,其中 SNL 为空间邻域长度(初值为 1),而 $B=\{b\,|\,b\in B_i,i\in V^{all}\}$。

算法 8.2:基于 MIP 的变时间邻域搜索(输入:PHL、TNL 和 α_1)

步骤 1 获得当前最佳的泊位分配计划 BBA;

步骤 2 计算所有情景下船舶基准时间线(见 8.4.2 节)的平均值 ET_i,$\forall i\in V^{all}$,并随机选择一个船舶活动 i';

步骤 3 若在上次迭代中未改进 BBA 则令 $TNL\leftarrow\min\{TNL\times\alpha_1,PHL/3\}$,否则令 $TNL\leftarrow NeiT$;

步骤 4 令 $V^{fix}\leftarrow\{i\,|\,(ET_i'-TNL\geq ET_i)\ or\ (ET_i\geq ET_i'+TNL),i\in V^{all}\}$;

步骤 5 求解分解后的模型以获得新泊位分配计划,该模型包括式(8-1)~式(8-5)、式(8-10)~式(8-12)和式(8-18)~式(8-24),且对于任意 $i\in V^{fix}$ 和 $b\in b_i^{fix}$ 满足 $y_{ib}=1$,对于任意 $i\in V^{fix}$ 和 $\omega\in\Omega$ 满足 $s_i(\omega)\geq s_i^{fix}(\omega)$,其中参数 b_i^{fix} 和 $s_i^{fix}(\omega)$ 分别为 BBA 中船舶 i 的分配泊位和进出港开始时间;

步骤 6 若新计划与 BBA 相同,则通过为每艘船舶 $i\in V^{all}\backslash V^{fix}$ 随机分配可靠泊泊位的方式重新获得一个新的泊位分配计划;

步骤 7 返回新获得的泊位分配计划。

算法 8.3:基于 MIP 的变空间邻域搜索(输入:SNL)

步骤 1 获得当前最佳的泊位分配计划 BBA;

步骤 2 随机选择一个船舶活动并记录其分配泊位 b';

步骤 3 若在上次迭代中未改进 BBA 则令 $SNL\leftarrow\min\{SNL+1,|B|/2\}$,否则令 $SNL\leftarrow1$;

步骤 4 获得靠泊/分配泊位为泊位 b' 邻域 SNL 外的船舶集合 V^{fix};

步骤 5 求解分解后的模型(见算法 8.2 步骤 5)以获得新的泊位分配计划;

步骤 6 若新计划与 BBA 相同,则通过随机分配(见算法 8.2 步骤 6)获得计划;

步骤 7 返回新获得的泊位分配计划。

8.4.3 局部搜索方法

在针对泊位分配问题及其变体而提出的众多局部搜索算法中,模拟退火(简称 SA;见 Xu 等,2018)、禁忌搜索(简称 TS;见 Giallombardo 等,2010)和自适应大邻域搜索(简称 ALNS;见 Iris 和 Lam,2019)是三种常见且有效的方法。鉴于此,本章提出了 SA、TS 和 ALNS 的混合算法(简称 STA 算法),该算法分别结合了其避免陷入局部最优、防止循环搜索和动态适应搜索的优点。具体而言,STA 算法执行以下三类算子来生成新的航道运作计划。

1.随机自适应大邻域搜索算子

该算子(简称 R_ALNS_Operators)首先随机改变几个选定船舶活动的次序。然后,将分配给这些船舶活动的拖船和航道随机重置为其可行的(即可分配的)拖船和航道。根据这些选定船舶活动在原船舶次序中是否彼此相邻,可进一步将该算子分为两个子算子。

2.基于船舶基准时间线的自适应大邻域搜索算子

该算子(简称 T_ALNS_Operators)首先从给定船舶次序中选位于船舶基准时间线(见 8.4.1 节)邻域 $NeiT$ 内的所有船舶活动。然后,随机改变选定船舶活动的次序并将其依次插回原位置中以获得新次序。最后,通过算法 8.1 的步骤 2.6.2 和 2.6.3 确定船舶活动的拖船指派和航道选择计划。根据是否直接通过先到先服务规则为船舶活动分配拖船和航道,以及未选定船舶活动的拖船指派和航道选择计划是否不变,可进一步将该算子分为四个子算子。

3.禁忌搜索算子

该算子(简称 TS_Operators)通过交换给定船舶次序中两个随机选择的船舶活动的位置,从而返回一个新的船舶次序。对于拖船指派和航道选择计划,其生成方式同 T_ALNS_Operators 的四个子算子所采用的分配规则相一致。因此,该算子也可分为四个子算子。

8.5　原问题解的下界

本章获得了原问题解的紧凑下界,以便评估所提出两种方法(即 SDM 和 DHA)的求解质量。尽管 SDM 也可获得原问题解的下界,但该下界相对宽松。为得到原问题解的紧凑下界,将原问题按情景分解为 $|\Omega|$ 个子问题。不同于 SDM 所采用的阶段分解方法,本章提出的情景分解方法将式(8-1)和式(8-2)移至子问题中,此时变量 y_{ib} 变为 $y_{ib}(\omega)$(即情景 $\omega \in \Omega$ 下变量 y_{ib} 的副本/复制)。该问题的数学模型可表示如下:

$$[\text{M8.2}]\ \min\left\{\sum_{\omega \in \Omega}\rho(\omega)\left(\sum_{i \in V^{all}\setminus V}w_i\Big(s_i(\omega)+\sum_{b \in B_i}y_{ib}(\omega)\pi_{ib}\Big)\right)\right\} \tag{8-31}$$

s.t.　式(8-3)~式(8-20)和式(8-22)~式(8-24)$[y_{ib}$ 变为 $y_{ib}(\omega)]$

$$\sum_{b \in B_i}y_{ib}(\omega)=1,\ \forall i \in V \cup V^{out},\ \forall \omega \in \Omega \tag{8-32}$$

$$y_{(v_i^{out})b}(\omega)=y_{ib}(\omega),\ \forall i \in V,\ \forall b \in B_i,\ \forall \omega \in \Omega \tag{8-33}$$

很容易证明所有情景子问题目标值加权和为原问题解的下界。然而在大规模算例中,该下界无法在可接受时间内获得。为此,推论 8.1 保证可通过求解松弛后的模型 M8.2(即模型 RM8.2)来获得质量稍差但始终存在的下界(简称 LB2),其中模型 RM8.2 松弛了式(8-13)~式(8-17),且只保留式(8-9)中防波堤位置(用 e' 表示)。定义 $\hat{Z}^{RSSP}(\omega)=\sum_{i \in V^{all}\setminus V}w_i\Big(s_i(\omega)+\sum_{b \in B_i}y_{ib}(\omega)\pi_{ib}\Big)$ 表示模型 RM8.2 对于特定情景 ω 下的最优目标值。模型 RM8.2 可表示如下:

$$[\text{RM8.2}]\ \min\left\{\sum_{\omega \in \Omega}\rho(\omega)\left(\sum_{i \in V^{all}\setminus V}w_i\Big(s_i(\omega)+\sum_{b \in B_i}y_{ib}(\omega)\pi_{ib}\Big)\right)\right\} \tag{8-34}$$

s.t.　式(8-3)~式(8-8)、式(8-10)~式(8-12)、式(8-18)~式(8-20)、式(8-22)~式(8-24)、式(8-32)和式(8-33)$[$对于变量 $y_{ib}(\omega)]$

$$s_j(\omega)+\sum_{b' \in B_j}(\theta_{jb'e'}-\lambda_{jb'e'}M)y_{jb'} \geqslant s_i(\omega)+\sum_{b \in B_i}(\theta_{ibe'}+\lambda_{ibe'}M)y_{ib}+D^{cha}+$$
$$(x_{ij}(\omega)+z_{il}(\omega)+z_{jl}(\omega)-5)M,\ \forall i,j \in V^{all},\ \forall l \in L_i \cap L_j,\ \forall \omega \in \Omega \tag{8-35}$$

推论 8.1:$\sum_{\omega \in \Omega}\rho(\omega)\hat{Z}^{RSSP}(\omega)$ 是原问题解的下界,满足 $\sum_{\omega \in \Omega}\rho(\omega)\hat{Z}^{RSSP}(\omega) \leqslant \sum_{\omega \in \Omega}\rho(\omega)\hat{Z}^{SSP}(\omega)$。

8.6 案例分析

为验证算法的有效性并对模型关键参数进行分析,设计了数值实验。本章实验均运行在 x64 位 Intel Core i5 6500 CPU 和 8 GB 内存的 Windows 计算机上,模型和算法采用 Python 语言编码,其中 8.2.2、8.3、8.4 和 8.5 节所提出的混合整数模型和线性规划模型均调用商业求解器 GUROBI 9.0.3 以默认配置求解。除非另有说明,所有方法的计算时限均为 5 h。

算例数据根据天津港现场勘察数据随机生成,考虑共享一条复式航道的 3 个主要港区(即东疆、北疆和南疆港区)。该航道包括一条双向主航道,其宽度可满足一些大船的单向通航(该类船舶包括 20% 中型船舶和所有大型船舶)和其余船舶的双向通航(该类船舶包括 80% 中型船舶和所有小型船舶),以及两条小船航道(在主航道两侧),分别服务进港和出港的小船(该类船舶包括所有小型船舶)。据天津港实地调研,三种船舶定义为:①小型船舶,长度小于 150 m,载重量小于 10 000 t 的船舶。②中型船舶,长度介于 150 m 和 300 m 之间,载重量超过 10 000 t 的船舶。③大型船舶,长度超过 300 m,载重量超过 15 000 t 的船舶。

提出的模型及算法借助 55 个算例进行测试,各算例由符号"scen_|S|_m_n"索引以反映其配置,其中情景数 |S|、抵港船数 m 和只出不进船舶数 n 分别在区间 [5,500]、[10,80] 和 [10,30] 内变动。例如"scen_100_45_20"表示一个具有 100 个情景、45 艘抵港船舶和 20 艘只出不进船舶的算例。算法参数设置为 ($BAPT, NeiS, NeiT, SolN, \sigma_1^{sco}, \sigma_2^{sco}, \sigma_3^{sco}, \tau, T_0, T_f, R, ILN, TabL, CanN, RolN, STAI, TSI, \alpha_1, \alpha_2$) = (300,3,60,30,20,10,20,0.9,100,0.1,0.9,20,10,30,15,50,3,1.1,1.3);时间单位:s。

通过将 DHA 同精确解方法(嵌入 GUROBI 求解器中的分支切割算法)、SDM 和下界进行对比来验证 DHA 的实用性,并通过将其同嵌入模拟退火(SA)算法、禁忌搜索(TS)算法和自适应大邻域搜索(ALNS)算法以求解第二阶段问题的分解算法(即 DH_SA、DH_TS 和 DH_ALNS)进行对比来评估混合算法的求解效率。

考虑 45 艘抵港船舶和 20 艘只出不进船舶,情景数在 30~500 内变动。为每种规模生成 15 个算例。在 SDM 中,设置最大迭代次数、固定邻域迭代次数和提前终止迭代次数分别为 50、20 和 10;设置子问题的计算时限为 10 min,即若求解器未能在时限内获得子问题的整数解,则不生成切割。

表 8-2 总结了 DHA 同 GUROBI/MILP、SDM 和下界在不同情景数下的对比结果。从表 8-2 可知,DHA 优于 SDM 和 GUROBI/MILP,而 SDM 优于 GUROBI/MILP。与下界相比,由 DHA 所获得解决方案的平均最优偏差和最大偏差分别为 0.95% 和 1.61%。此外,DHA 可解决多达 500 个情景的算例,且最大计算时间少于 4 h,这在港口实际运作中是可接受的。

表 8-2　不同情景数下算例的计算结果

算例规模	GUROBI/MILP				SDM		DHA		LB1&2 (min)	GapML (%)	GapDL (%)
	LB_{milp} (min)	Obj_{milp} (min)	Gap_{milp} (%)	时间 (s)	Obj_{sdm} (min)	时间 (s)	Obj_{dha} (min)	时间 (s)			
scen_30_45_20	–	–	–	–	259 436	18 000.0	254 459	1 016.5	253 367	–	0.43
scen_40_45_20	–	–	–	–	276 537	18 000.0	272 139	1 463.2	269 382	–	1.02
scen_50_45_20	–	–	–	–	268 882	18 000.0	263 779	1 502.9	261 591	–	0.84
scen_60_45_20	–	–	–	–	229 398	18 000.0	225 606	1 853.9	223 643	–	0.88
scen_70_45_20	–	–	–	–	260 313	18 000.0	255 416	1 725.8	253 744	–	0.66
scen_80_45_20	–	–	–	–	255 708	18 000.0	250 980	2 566.5	248 862	–	0.85
scen_90_45_20	–	–	–	–	264 476	18 000.0	259 211	3 684.7	255 104	–	1.61
scen_100_45_20	–	–	–	–	253 787	18 000.0	248 486	2 977.3	246 552	–	0.78
scen_300_45_20	–	–	–	–	242 159	18 000.0	236 529	7 891.5	234 001	–	1.08
scen_500_45_20	–	–	–	–	285 907	18 000.0	278 737	11 430.5	275 026	–	1.35
平均值	–	–	–	–	259 660	18 000.0	254 534	3 611.3	252 127	–	0.95

8.7　本章小结

本章研究了泊位分配与船舶和拖船调度(BA-STS)问题,提出了一个两阶段随机规划模型。在第一阶段,考虑船舶抵港和装卸时间的不确定性,为抵港船舶制订泊位分配计划;在第二阶段,确定不同情景下船舶的航道选择、拖船指派和进出港排序计划,以最小化船舶的总加权离港时间。针对问题的特点,设计了两阶段 Benders 分解算法(SDM,该算法是求解两阶段随机规划问题的经典算法)和基于阶段分解的启发式算法(DHA),以有效求解模型。结合天津港的实地调研数据,设计了数值实验。结果表明,DHA 优于 GUROBI 和 SDM,可在 1 h 内求解 20 个情景、80 艘抵港船舶和 30 艘只出不进船舶(共 190 个船舶活动)的算例,平均最优偏差为 1.09%;即使对于具有 500 个情景的算例,DHA 也能在 4 h 内获得最优偏差最大为 1.61%的解决方案。

第四篇

绿色航运下港口新型燃料加注运作研究

第9章

内河液化天然气加注码头固定式
加注补给运作问题

9.1 概述

相较于陆运和空运,水运被认为是一种经济高效且环保的运输方式。然而,水运也导致大量温室气体、硫氧化物和氮氧化物等污染物的排放,加剧了全球变暖和环境污染(Zhen 等,2020)。近年来,国际海事组织陆续颁布了有关替代燃料基础设施和排放控制区的法规,旨在推广替代燃料在航运业的使用,以应对不断加剧的环境挑战。全球航运业的显著趋势之一是液化天然气(LNG)作为清洁船用燃料的广泛应用(Xu 和 Yang,2020),因为与传统重油相比,LNG 具有明显优势。据报道,使用 LNG 作为船用燃料(称此类船舶为 LNG 动力船/受注船)可减少约20%的二氧化碳排放、85%~95%的氮氧化物排放和近 100%的硫氧化物排放。鹿特丹港发布的LNG 销售数据呈现了 LNG 作为船用燃料的增长态势,从 2016 年的 224 m^3 跨越式增长至 2020年的近 21 万 m^3。根据 *Maritime Forecast to 2050*,预计 LNG 最终将在航运燃料中占据主导地位,到 2050 年其占比将达 40%~80%。

LNG 加注站/加注码头是指为 LNG 受注船提供 LNG 加注服务以维持船舶续航的区域。内河 LNG 加注站的加注补给模式见图 9-1。当一艘 LNG 受注船抵达加注站时,可采用三种不同的加注模式:槽车对船(TTS)加注、岸基对船(STS)加注和泵船对船(PTS)加注。在 TTS 模式中,槽车在 LNG 接收站或 LNG 液化厂(为便于表述,统称 LNG 接收站)加注 LNG 后运至加注站,直接为船舶加注 LNG,无须使用岸基或泵船的储罐。由于 TTS 模式对设施的要求较低且灵活性高,槽车可在加注站内的任意岸边安全区域为船舶加注 LNG。STS 模式通过悬臂起重机将岸上固定位置储罐的 LNG 经由管道和软管加注给船舶。PTS 模式与 STS 模式类似,但 LNG 储罐通过锚或缆绳固定在靠近岸边的泵船上。相较于 TTS 模式,PTS 和 STS 模式具有成本低、加注速度快、容量大等优势。上述三种加注模式已被世界上许多加注站或港口所采用,如中国的海港星加注站、德国的科隆加注站、西班牙的巴塞罗那港、荷兰的鹿特丹港和挪威的里萨维卡港等。

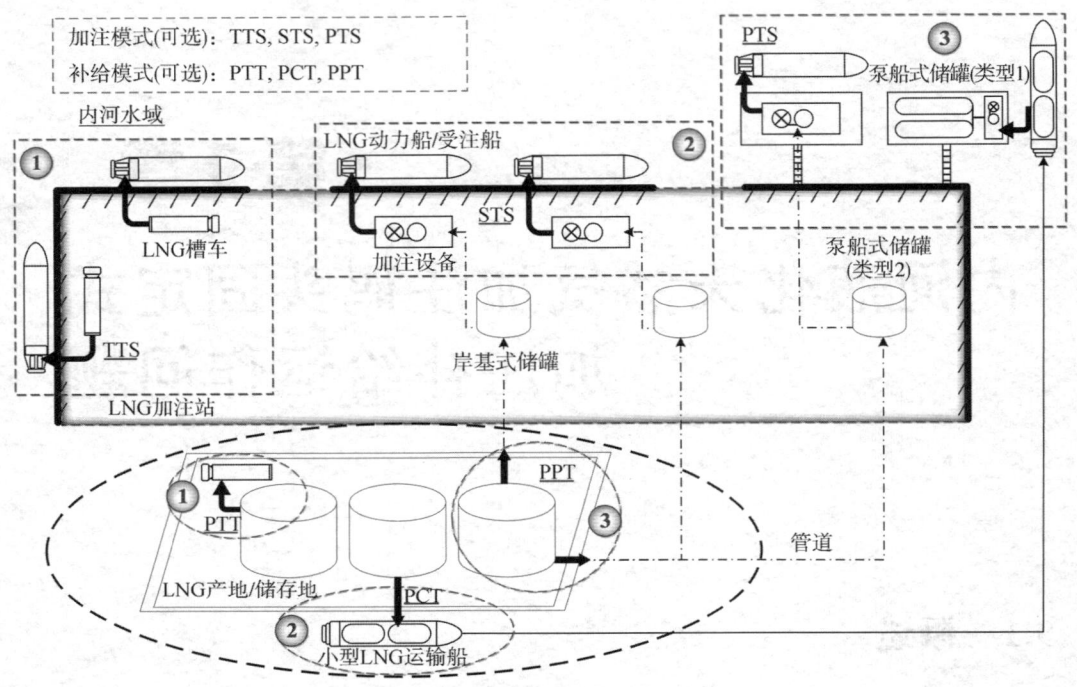

图 9-1 LNG 加注站加注补给模式

随着 LNG 加注需求的不断增长,由加注站设施容量有限所导致的"加注难"问题已成为 LNG 在内河航运应用中备受关注的问题之一。解决这一难题的可行办法是定期扩大 LNG 加注站的容量。然而,由于 LNG 储存和加注技术的复杂性,其基础设施扩建往往伴随巨大的建设成本,且可用于扩建的时间和资金有限。相比之下,优化加注站的加注补给运作以确保高效、及时地为船舶加注被认为是一种经济、有效的解决方案。考虑到加注模式与船舶类型之间的兼容性及船舶的到达模式,首先要优化的决策是加注模式的选择和加注设施的分配。由于槽车运载能力有限,TTS 模式仅适用于中小型船舶(载重量通常小于 5 000 t),而大型船舶,如江海联运船舶,须通过 STS 或 PTS 模式进行加注。此外,由于加注设施容量有限,船舶抵达的时间和顺序也会影响设施的分配。

LNG 加注补给运作的第二项决策是补给管理和储罐库存管理。为满足潜在的加注需求,必须维持储罐的最低 LNG 库存水平。因此,当储罐库存低于此水平时,需进行补给。考虑三种主要的补给模式:通过 LNG 槽车(PTT 模式)、小型 LNG 驳船或运输船(PCT 模式)及地下 LNG 管道(PPT 模式)向储罐或泵船补给。LNG 槽车具有灵活性高和服务便捷的特点,但补给成本相对较高且容量有限;而管道或运输船可提供大量 LNG,虽便利性有限,但补给成本较低。因此,加注站运营商/管理者面临的一个挑战是为储罐选择合适的补给模式,并制订最佳的补给计划,以最大限度地降低补给成本。出于安全考虑,在储罐补给期间禁止向受注船加注 LNG;同样,在储罐加注期间禁止进行补给作业。因此,补给作业和加注作业是相互联系、相互影响的,

这导致问题变得更加复杂。补给决策会影响船舶加注的开始时间及储罐和槽车的分配,而时间和分配又会影响槽车的调度及补给的开始时间和量,进而影响补给决策。

9.2　问题定义和模型构建

9.2.1　问题定义

考虑一个提供 TTS、STS 和 PTS 三种加注模式的 LNG 加注站(见图 9-1)。船舶运营商/船方在抵达前通常会向加注站发送船舶信息,包括船型、抵达时间和加注量。加注站管理者需决策何时、使用何种设施/设备为船舶加注,以最小化加注站运营成本。该过程具有以下特点:

(1)LNG 受注船具有不同的优先级,取决于运载货物的时效性、船方与加注站的合作情况。优先级反映在单位等待成本和最长服务时间上。其中,设置最长服务时间是因为出于安全考虑,不允许船舶在加注站内长时间停留。

(2)每艘 LNG 受注船都有加注的服务时间窗。该时间窗受多种因素影响,如潮位(需乘潮的船舶只能在涨潮时靠泊)、天气(禁止在恶劣天气下加注),甚至某个时间段(由于能见度低,加注站通常不允许夜间加注)。

(3)储罐中 LNG 库存应保持在最低和最高水平之间,需制订库存计划。

(4)使用 TTS 或 PTT 加注模式时,由于容量有限,槽车可能在供给地(用于补给)和加注站(用于加注)之间往返数次,因此需考虑槽车调度。

(5)出于安全考虑,泵船式/岸基式储罐禁止同时进行加注和补给作业。此外,槽车需同时为储罐和受注船补给 LNG,在为一些燃料罐较小的船舶加注 LNG 后,可利用剩余燃料为储罐进行补给,以提高加注站的整体运作效率。

本章问题可定义为:给定 LNG 加注站,在综合考虑船舶可服务时间窗和最长服务时间限制、储罐库存和槽车容量约束、船舶类型与加注模式兼容性、加注和补给作业间交互影响的基础上,制订船舶的最优加注计划、储罐和槽车的最优补给计划,从而使总运营成本最小。该问题涉及储罐分配、槽车调度和库存管理等决策。

9.2.2　模型构建

本章没有为每种类型的 LNG 加注站单独构建模型,而是提出了一个综合决策模型,该模型具有足够的通用性,可满足不同类型加注站的需求。表 9-1 列出了模型使用的符号,包括集合、参数和决策变量。模型可表述如下。

表 9-1　符号说明

集合
T,S,U,B,K　时步集合、受注船集合、槽车集合、岸基式/泵船式储罐集合、可服务时间窗集合
G_r　　资源 r 的可选 LNG 补给方案集合

续表

集合	
Z	槽车在 LNG 产地/储存地的补给任务集合
Q_b	岸基式/泵船式储罐 b 的补给任务集合
E	任务集合,包括船舶加注任务集 S、储罐补给任务集 $Q=\{Q_b\|b\in B\}$ 和槽车补给任务集 Z
R	资源集合,包括槽车集 U、储罐集 B、一个管道/一艘运输船 $\bar{o}_1$ 和一个空资源 $\bar{o}_2$

参数	
o_r, d_r	虚拟任务,用以表示分配给资源 r 的任务序列中第一个、最后一个任务
M	充分大的正数
A_i^{arr}	受注船 i 的预计到达时间
O_b^{ini}	岸基式/泵船式储罐 b 的初始库存
V_u^{ini}, V_u^{tru}	槽车 u 的初始 LNG 量、容量
O_b^{min}, O_b^{max}	岸基式/泵船式储罐 b 的最小库存、最大库存
V_{rg}^{rep}	当选择补给方案 g 时资源 r 的补给量
V_i^{fue}, R_i	受注船 i 所需的加注量、最大服务时间
F_{ir}	0-1 系数,若任务 i 可分配给资源 r 则为 1,否则为 0
H_{ir}^{bun}	加注任务 i 由资源 r 处理所需时间
H_{irg}^{rep}	补给任务 i 由资源 r 的可选补给方案 g 处理所需时间
$W_{ik}^{sta}, W_{ik}^{end}$	船舶 i 可服务时间窗 k 的开始、结束时间
C_1	储罐由管道/运输船补给的成本
C_{2ir}	船舶 i 由资源 r 服务的成本
C_{3i}, C_{4i}	受注船 i 的单位等待成本(对应优先级/权重)、加注请求未被满足时的惩罚成本

决策变量	
α_{ir}	0-1 变量,若任务 i 被分配给资源 r 则为 1,否则为 0
β_{ik}	0-1 变量,若任务 i 在可服务时间窗 k 内被处理则为 1,否则为 0
χ_{ijr}	0-1 变量,若任务 i 和任务 j 依次由资源 r 处理则为 1,否则为 0
φ_{irt}	0-1 变量,若任务 i 在时步 t 由资源 r 处理则为 1,否则为 0
υ_{irg}	0-1 变量,若任务 i 选择资源 r 的补给方案 g 则为 1,否则为 0
κ_i	0-1 变量,若任务 i 的服务请求不能被满足则为 1,否则为 0
δ_i	连续变量,任务 i 的开始处理时间
η_{ir}	整数变量,资源 r 处理完任务 i 的时间
γ_{ir}	整数变量,处理完任务 i 后资源 r 的剩余 LNG 量

$$[\text{M9.1}]\ \min \underbrace{\sum_{b \in B}\sum_{i \in Q_b} C_1 \alpha_{i\bar{o}_1}}_{\text{管道/船补给成本}} + \underbrace{\sum_{u \in U}\sum_{i \in E} C_{2iu} \alpha_{iu}}_{\text{槽车调度成本}} + \underbrace{\sum_{b \in B}\sum_{i \in S} C_{2ib} \alpha_{ib}}_{\text{储罐加注成本}} + \underbrace{\sum_{i \in S} C_{3i}(\delta_i - A_i^{arr})}_{\text{船舶等待成本}} + \underbrace{\sum_{i \in E} C_{4i} \kappa_i}_{\text{惩罚成本}}$$

$$(9\text{-}1)$$

$$\text{s.t. } \sum_{r \in R} F_{ir} \alpha_{ir} = 1 - \kappa_i, \forall i \in S \cup Z \tag{9-2}$$

$$\sum_{r \in R} F_{ir} \alpha_{ir} = 2 - 2\kappa_i, \forall b \in B, \forall i \in Q_b \tag{9-3}$$

$$\alpha_{ib} = 1 - \kappa_i, \forall b \in B, \forall i \in Q_b \tag{9-4}$$

$$\sum_{j \in E \cup \{d_r\}} \chi_{o_r j r} = 1, \forall r \in U \cup B \tag{9-5}$$

$$\sum_{i \in E \cup \{o_r\}} \chi_{i d_r r} = 1, \forall r \in U \cup B \tag{9-6}$$

$$\sum_{i \in E \cup \{o_r\}} \chi_{ijr} - \sum_{i \in E \cup \{d_r\}} \chi_{jir} = 0, \forall j \in E, \forall r \in U \cup B \tag{9-7}$$

$$\sum_{j \in E \cup \{d_r\}} \chi_{ijr} = \alpha_{ir}, \forall i \in E, \forall r \in U \cup B \tag{9-8}$$

$$\gamma_{o_u u} = V_u^{ini}, \forall u \in U \tag{9-9}$$

$$\gamma_{o_b b} = O_b^{ini}, \forall b \in B \tag{9-10}$$

$$\sum_{g \in G_r} \upsilon_{irg} = \alpha_{ir}, \forall i \in E \setminus S, \forall r \in U \cup \{\bar{o}_1\} \tag{9-11}$$

$$\gamma_{ju} \leqslant \gamma_{iu} - \sum_{g \in G_u} \upsilon_{jug} V_{ug}^{rep} + (1 - \chi_{iju}) M, \forall u \in U, \forall i \in E \cup \{o_u\},$$

$$\forall b \in B, \forall j \in Q_b \tag{9-12}$$

$$\gamma_{ju} \leqslant \gamma_{iu} + \sum_{g \in G_u} \upsilon_{jug} V_{ug}^{rep} + (1 - \chi_{iju}) M, \forall u \in U, \forall i \in E \cup \{o_u\}, \forall j \in Z \tag{9-13}$$

$$\gamma_{jr} \leqslant \gamma_{ir} - V_j^{fue} + (1 - \chi_{ijr}) M, \forall r \in U \cup B, \forall i \in E \cup \{o_r\}, \forall j \in S \tag{9-14}$$

$$\gamma_{jb} \leqslant \gamma_{ib} + \sum_{r \in U \cup \{\bar{o}_1\}}\sum_{g \in G_r} \upsilon_{jrg} V_{rg}^{rep} + (1 - \chi_{ijb}) M, \forall b \in B, \forall i \in E \cup \{o_b\}, \forall j \in Q_b$$

$$(9\text{-}15)$$

$$\gamma_{iu} \leqslant V_u^{tru}, \forall i \in E, \forall u \in U \tag{9-16}$$

$$O_b^{min} \leqslant \gamma_{ib} \leqslant O_b^{max}, \forall i \in E, \forall b \in B \tag{9-17}$$

$$\eta_{ju} \geqslant \eta_{iu} + \sum_{g \in G_u} \upsilon_{jug} H_{jug}^{rep} + (\chi_{iju} - 1) M, \forall u \in U, \forall i \in E \cup \{o_u\}, \forall j \in E \setminus S \tag{9-18}$$

$$\eta_{jr} \geqslant \eta_{ir} + H_{jr}^{bun} + (\chi_{ijr} - 1) M, \forall r \in U \cup B, \forall i \in E \cup \{o_u\}, \forall j \in S \tag{9-19}$$

$$\eta_{jb} \geqslant \eta_{ib} + \sum_{r \in U \cup \{\bar{o}_1\}}\sum_{g \in G_r} \upsilon_{jrg} H_{jrg}^{rep} + (\chi_{ijb} - 1) M, \forall b \in B,$$

$$\forall i \in E \cup \{o_b\}, \forall j \in Q_b \tag{9-20}$$

$$\eta_{iu} = \eta_{ib}, \forall b \in B, \forall i \in Q_b, \forall u \in U \tag{9-21}$$

$$A_i^{arr} \leqslant \eta_{ir} - H_{ir}^{bun} \leqslant A_i^{arr} + R_i, \forall i \in S, \forall r \in U \cup B \tag{9-22}$$

$$\sum_{t \in T} \varphi_{irt} = 1, \forall i \in E \cup \{o_r, d_r\}, \forall r \in U \cup B \tag{9-23}$$

$$\sum_{k \in K} \beta_{ik} = 1 - \kappa_i, \forall i \in S \tag{9-24}$$

$$\sum_{k \in K} W_{ik}^{sta} \beta_{ik} - \kappa_i M \leqslant \eta_{ir} - H_{ir}^{bun} \leqslant \sum_{k \in K} W_{ik}^{end} \beta_{ik} + \kappa_i M, \forall i \in S, \forall r \in U \cup B \quad (9\text{-}25)$$

$$\eta_{ir} = \sum_{t \in T} \varphi_{irt} t, \forall i \in E \cup \{o_r, d_r\}, \forall r \in U \cup B \quad (9\text{-}26)$$

$$\delta_i \geqslant \eta_{ir} - H_{ir}^{bun}, \forall i \in S, \forall r \in U \cup B \quad (9\text{-}27)$$

$$\alpha_{ir} \in \{0,1\}, \forall i \in E, \forall r \in R \quad (9\text{-}28)$$

$$\beta_{ik} \in \{0,1\}, \forall i \in S, \forall k \in K \quad (9\text{-}29)$$

$$\chi_{ijr} \in \{0,1\}, \forall r \in R, \forall i,j \in E \cup \{o_r, d_r\} \quad (9\text{-}30)$$

$$\varphi_{irt} \in \{0,1\}, \forall i \in E \cup \{o_r, d_r\}, \forall r \in U \cup B, \forall t \in T \quad (9\text{-}31)$$

$$\upsilon_{irg} \in \{0,1\}, \forall i \in E \setminus S, \forall r \in U \cup \{\bar{o}_1\}, \forall g \in G_r \quad (9\text{-}32)$$

$$\kappa_i \in \{0,1\}, \forall i \in E \quad (9\text{-}33)$$

$$\delta_i \geqslant 0, \forall i \in S \quad (9\text{-}34)$$

$$\gamma_{ir}, \eta_{ir} \in Z^+, \forall r \in U \cup B, \forall i \in E \cup \{o_r, d_r\} \quad (9\text{-}35)$$

其中,目标函数即式(9-1)表示最小化加注站的总运营成本,包括管道或运输船补给成本、槽车调度成本、储罐加注成本、船舶等待成本及未满足加注需求的惩罚成本。式(9-2)~式(9-4)为任务资源分配约束;式(9-5)~式(9-8)为任务排序约束;式(9-9)~式(9-17)为量守恒约束;式(9-18)~式(9-21)为时间守恒约束;式(9-22)~式(9-27)为时间窗约束;式(9-28)~式(9-35)表示变量取值范围。

9.3 分支定价算法

本节为 BOP 开发了一种定制的分支定价启发式(BPH)算法,见算法 9.1。其中,符号 Obj_{ψ}^{IP} ($\psi \in \Psi$)和 Obj_{ψ}^{LP} ($\psi \in \Psi$)分别表示节点池 Ψ 中节点 ψ 的整数规划模型和线性规划模型的目标值。当调用求解器(如 GUROBI)求解整数规划模型时,设置时限为 L^{time}。为保证效率,BPH 中的节点数限制为 L^{node}。

BPH 的总体框架类似于精确的分支定价方法(Barnhart 等,1998)。本章启发式版本的不同之处在于限制了分支节点的数量,以平衡求解质量和计算时间,并在搜索树的每个节点上,通过启发式规则提前终止列生成迭代。该方法还从三个方面扩展了传统的分支定价方法。首先,本章设计了一种定制的分支方案,使方法能更快地找到满意解,并将其实施在定价问题上,以简化分支过程。其次,通过分析模型 M9.1 的结构和特点,将定价问题分解为五种类型:槽车—船舶加注、储罐—船舶加注、管道/运输船—储罐补给、槽车—储罐补给、槽车补给的定价问题。针对不同类型的定价问题,可生成包含各种加注和补给信息的有效列,从而加速算法收敛。最后,本章提出了几种增强技术,有效提高了算法性能。

算法 9.1：分支定价启发式算法

步骤 1：（初始化）

令初始下界 $LB \leftarrow 0$、初始上界 $UB \leftarrow \infty$、节点池 $\Psi \leftarrow \varnothing$、节点的下界 $LB(\psi) \leftarrow 0 (\psi \in \Psi)$、CG 列池 $\Theta^{CG} \leftarrow \varnothing$、BP 列池 $\Theta^{BP} \leftarrow \varnothing$。

步骤 2：（解决根节点）

● **步骤 2.1**：（更新下界）

将限制主问题（RMP9.1，即 MP9.1 的线性松弛）构建为根节点的问题（由 ψ' 索引）。通过列生成方法求解该问题，获得下界 $Obj_{\psi}^{LP'}$，并将节点 ψ' 加入节点池 Ψ。更新下界 $LB \leftarrow Obj_{\psi}^{LP'}$ 和 $LB(\psi) \leftarrow Obj_{\psi}^{LP'}$。

● **步骤 2.2**：（更新上界）

基于从列生成获得的列解决主问题（MP9.1），获得整数解及目标值 $Obj_{\psi}^{IP'}$。更新上界 $UB \leftarrow Obj_{\psi}^{IP'}$。将步骤 2.1 和 2.2 中取非零值的列存储在 Θ^{CG} 中。转至步骤 4。

步骤 3：（节点探索）

● **步骤 3.1**：（选择现任节点）

按深度优先规则选择现任节点，并从节点池 Ψ 中移除该节点。

● **步骤 3.2**：（节点分支）

基于分支策略将现任节点分成两个子节点。对每个节点（由 ψ'' 索引），执行步骤 3.3～3.5。

● **步骤 3.3**：（解决子节点）

通过算法 9.2 的步骤 3～15 解决节点 ψ'' 的问题，获得最优解 $Sol(\psi'')$ 及其目标值 $Obj_{\psi}^{LP''}$。将当前步骤中取非零值的列添加至 Θ^{BP}。

● **步骤 3.4**：（检查整数性并更新上界）

如果 $Sol(\psi'')$ 是整数解，则更新上界 $UB \leftarrow \min\{UB, Obj_{\psi}^{LP''}\}$。如果 $Obj_{\psi}^{LP''} < UB$，则转至步骤 3.5；否则，转至步骤 4。

● **步骤 3.5**：（通过增强技术更新上界）

基于列池 Θ^{CG} 和刚获得的列求解主问题（MP9.1），获得整数解及其目标值 $Obj_{\psi}^{IP''}$。更新上界 $UB \leftarrow \min\{UB, Obj_{\psi}^{IP''}\}$ 和节点池 $\Psi \leftarrow \Psi \cup \{\psi''\}$。将当前步骤中取非零值的列添加至 Θ^{BP}。

步骤 4：（停止准则）

更新下界 $LB \leftarrow \min_{\psi \in \Psi}\{Obj_{\psi}^{LP}\}$。如果 $\Psi = \varnothing$ 或 $LB = UB$，则输出当前解。如果节点数达到 L^{node}，则转至步骤 5；否则，转至步骤 3。

步骤 5：（获得整数解）

基于列池 Θ^{BP} 及根节点获得的列求解模型 MP9.1，并输出获得的整数解。

---

1. 主问题模型

为便于建模，定义 0-1 系数 θ_{prt} 表示若计划 p 在时步 t 占用了资源 r 则取 1，否则取 0；定义整数系数 λ_{prt} 表示计划 p 在时步 t 和之前消耗/补充资源 r 的 LNG 量。对于占用资源 r 的任务 i 的每个给定计划 p，其成本定义为 C_{5p}。设 ξ_p 为决策变量，表示若最终方案选择了计划 p 则取 1，否则取 0。模型如下：

$$[\text{MP9.1}] \min \sum_{p \in P} C_{5p}\xi_p \tag{9-36}$$

$$\text{s.t.} \sum_{p \in P} \mu_{ip}\xi_p = 1, \forall i \in S \tag{9-37}$$

$$\sum_{p \in P} \theta_{prt} \xi_p \leqslant 1, \forall r \in U \cup B, \forall t \in T \tag{9-38}$$

$$O_b^{min} \leqslant O_b^{ini} + \sum_{p \in P} \lambda_{pbt} \xi_p \leqslant O_b^{max}, \forall b \in B, \forall t \in T \tag{9-39}$$

$$0 \leqslant V_u^{ini} + \sum_{p \in P} \lambda_{put} \xi_p \leqslant V_u^{tru}, \forall u \in U, \forall t \in T \tag{9-40}$$

$$\xi_p \in \{0, 1\}, \forall p \in P \tag{9-41}$$

其中,目标函数即式(9-36)表示加注站的总运营成本最小。式(9-37)保证解决方案中每个船舶任务仅能选择一个计划。式(9-38)保证每个储罐或槽车资源在每个时步仅能被一个加注或补给任务占用。式(9-39)和式(9-40)分别对储罐库存和槽车容量进行限制。式(9-41)表示变量取值范围。

1.基于启发式规则生成初始可行列

初始可行列的生成(或称为列初始化)对分支定价算法的计算时间有很大影响(Liang 等, 2018;Xie 等,2019)。在极端情况下,通过列初始化可直接获得问题的最优解。然而,BOP 的求解相当困难。即使找到一个可行解也非常具有挑战性。因此,提出了三种启发式算法来共同构造高质量的初始可行列,这些列共同组成 BPH 算法的初始解,保证 BPH 的"热启动"。限于本书篇幅,在此不做详细阐述,感兴趣的读者见 Liu 等(2023)。

2.定价问题枚举

分支定价的效率在很大程度上取决于是否能设计一种有效方法求解定价问题。命题 9.4 表明,定价问题可通过枚举任务在资源上的分配、LNG 加注/补给量和开始占用时间来解决,无须设计动态规划。

命题 9.4: 从定价问题传递给主问题的是任务在资源上的占用时间和 LNG 加注/补给量,而一旦任务资源分配和 LNG 加注/补给量已知,可直接计算出相应的占用时间。因此,定价问题可通过枚举任务在资源上的分配、LNG 处理量和开始占用时间来解决。

命题 9.4 很容易证明。由此,定价问题中 0-1 变量 ρ_{prt} 和 ρ'_{prt},以及用于限制变量 λ_{prt}、θ_{prt}、v_{irg} 和 δ_i 取值的相关约束可被移除。此外,时间窗约束可通过在船舶任务 i 上施加可服务时间 $T_i^{sts} = \bigcup_{k \in K} [W_{ik}^{sta}, W_{ik}^{end}] \cap [A_i^{arr}, A_i^{arr} + R_i]$ 来替代。

3.提前终止列生成及多列改进

为加快 CG 收敛,提出了一种启发式规则来提前终止 CG,即当目标值与最优值的相对偏差在预定系数 $\varepsilon_1(0 \leqslant \varepsilon_1 \leqslant 1)$ 内时终止迭代。此外,本章通过多列改进策略进一步提高算法的性能,即在每次迭代中从每个定价问题向 RMP9.1 添加 $ColN$ 个具有负检验数的列。

4.上界启发式策略

为得到高质量的初始上界,可在根节点基于 CG 生成的列求解模型 MP9.1(Li 和 Jia,2019; Yu 等,2019)。此外,可创建一个 CG 列池,存储在根节点 CG 迭代过程中取非零值的"有前途"的列。在 BP 树的每个分支节点执行 CG 方法后,可获得一些新列。因此,可在每个节点重复使用仅存储在 CG 列池中和在节点中获得的列求解 MP9.1 模型,从而在较短的计算时间内改进上界,帮助剪枝。为保证可接受的计算时间,对求解模型 MP9.1 和搜索分支所花费的时间分别设置了时间限制 L^{time} 和节点限制 L^{node}。最后,创建一个 BP 列池,存储整个 BP 迭代过程中探索的每个子节点上取非零值的列。达到上述限制后,基于 BP 列池中存储的列和在根节点上获得的

列求解模型 MP9.1,以获得高质量的整数解,其中当前最佳上界作为模型的初始上界。

9.4　案例分析

为评估优化模型和 BPH 算法的性能,进行数值实验。本章实验均运行在 x64 位 Intel Core i5 10400 CPU @ 2.9 GHz 和 16 GB 内存的 Windows 10 计算机上,模型和算法采用 Python 编码。

本节将通过一个实际的 LNG 加注站,即位于中国南京八卦洲的"海港星 01"加注站,来检验模型的实用性。该加注站配备两个泵船式储罐,每个储罐的最小和最大允许库存量分别为 50 m³ 和 250 m³;配备两辆 LNG 槽车,容量均为 50 m³。加注站提供两种加注模式:泵船对船(PTS)和槽车对船(TTS)。在 LNG 补给方面,距离"海港星 01"加注站最近的 LNG 产地/储存地是位于安徽三山港区的芜湖长江 LNG 内河接收(转运)站,单程约 110 km。考虑到槽车的平均时速和运输成本分别为 50 km/h 和 5 元/km,设定槽车在加注站和接收站之间的往返时间为 26 个时步,槽车补给任务的成本约为 5×50×(26×10/60) = 1 083 元。由于这两个站点之间没有管道连接,因此只需考虑两种补给模式,即通过 LNG 槽车(PTT)和小型 LNG 驳船或运输船(PCT)补充泵船上的储罐。计划期为一天。限于篇幅,更多实验见 Liu 等(2023)。

为研究资源类型的组合对加注性能的影响,本章考虑了加注模式(TTS 和 PTS)与补给模式(PTT 和 PCT)的八种组合方案,以及作为当前方案(即同时包含所有四种模式)的基准/标杆方案。因此,本章共考虑了九种方案。将受注船数设定为 30 艘和 50 艘,并评估这九种方案(通过 BPH 求解)的表现。本章为每种情况随机生成三个算例。表 9-2 总结了这些方案的详细结果,其中#R 列记录了未满足/拒绝船舶加注请求的平均数,PoU 和 TrU 分别表示泵船式储罐和槽车的平均利用率。

从表 9-2 中可以看出,当船舶加注需求相对较小时,方案(1)、(3)~(5)和(9)的#R 值都为零,表明船舶加注需求均得到满足。从平均目标值来看,PTS 对降低 LNG 加注站的运营成本至关重要,其次是 TTS,然后是 PCT,最后是 PTT。其中,方案(1)和方案(5)的目标值相同,表明在加注站发展初期,加注站运营商可选择放弃 PTT 模式。然而,随着船舶加注需求的增加,方案(5)的平均目标值(38 933 元)超过了方案(1)(33 603 元),表明引入 PTT 的潜在效益。总体而言,如表 9-2 中#R 值所示,从最佳方案到最差方案的顺序为(1)→(5)→(9)→(3)→(4)→(8)→(2)→(6)→(7)。方案(2)、(6)和(7)表现类似(算法的启发式特征导致略有不同)。这是因为 PCT 和 PTT 都是针对泵船式储罐引入的,当忽略泵船对船加注模式时,这些模式的选择对方案结果没有影响。此外,在|S| = 30 和|S| = 50 的情况下,两种资源的利用率分别约为 30%~36% 和 28%~53%。该负荷与现实情况非常接近。

表 9-2　不同模式组合下方案结果

方案	加注模式		补给模式		|S| = 30				|S| = 50		
	PTS	TTS	PCT	PTT	#R	目标(元)	PoU(%)	TrU(%)	#R	目标(元)	PoU(%)	TrU(%)
(1)	√	√	√	√	0	12 183	30	36	0	33 603	53	28

续表

方案	加注模式		补给模式		|S| = 30				|S| = 50		
	PTS	TTS	PCT	PTT	#R	目标（元）	PoU（%）	TrU（%）	#R	目标（元）	PoU（%）	TrU（%）
（2）	×	√	√	√	14	740 119	0	71	28	1 427 056	0	71
（3）	√	×	√	√	0	15 708	46	8	3	160 892	68	7
（4）	√	√	√	√	0	15 344	27	53	10	484 563	36	69
（5）	√	√	√	×	0	12 183	32	10	0	38 933	57	14
（6）	×	√	×	√	14	742 908	0	72	28	1 436 433	0	71
（7）	×	√	√	×	21	741 591	0	71	33	1 437 254	0	73
（8）	√	√	√	√	1	59 803	49	36	11	561 764	61	55
（9）	√	×	√	×	0	18 510	39	0	2	144 733	62	0

图 9-2 进一步展示了 |S| = 50 情景下一个简单算例的最佳加注补给计划。

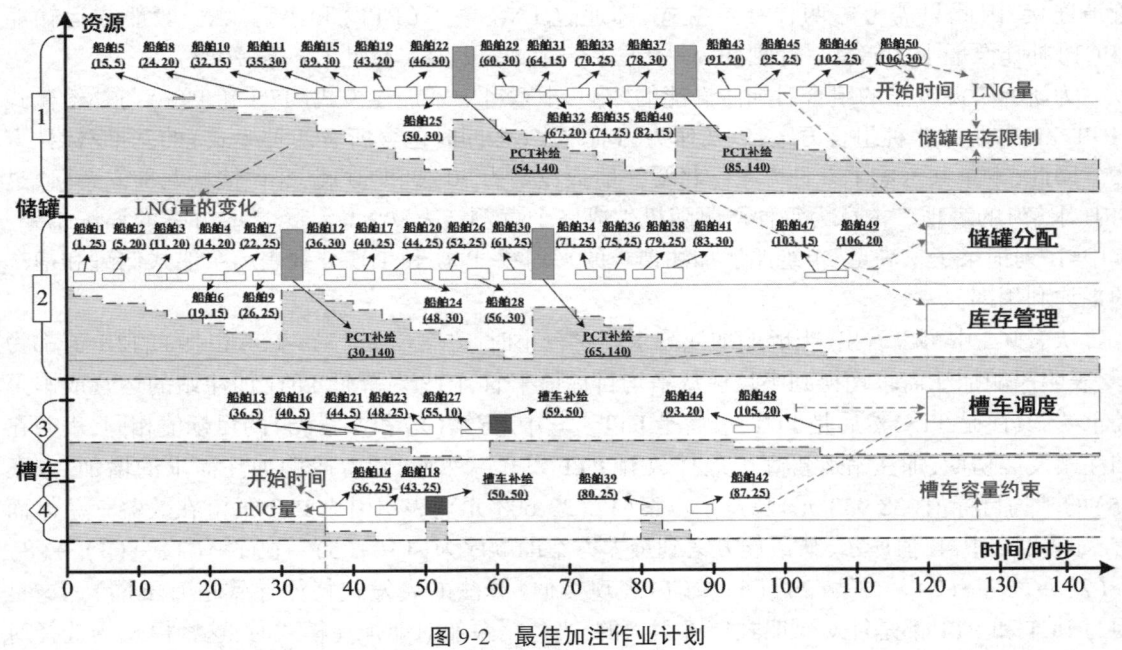

图 9-2　最佳加注作业计划

9.5　本章小结

本章研究了内河 LNG 加注站/加注码头的加注补给运作问题（BOP）。该问题涉及岸基式/泵船式储罐分配、槽车调度和储罐库存管理。本章为该问题提出了两个模型：一个为具有多项

式决策变量和大 M 约束的任务资源分配和调度模型(M9.1);另一个为改进自 M9.1 的基于任务的模型。后者包含指数级变量,但不包含大 M 约束。同时,开发了定制的分支定价启发式(BPH)算法来求解 BOP,并采用几种增强技术对算法进行改进,包括列初始化、定价问题枚举、列生成终止规则、多列生成和上界启发式策略。

第 10 章

内河液化天然气加注码头集成调度问题

10.1 概述

内河 LNG 受注船的船队规模不断壮大,给现有加注码头基础设施带来巨大压力,燃料供需不平衡的矛盾日趋尖锐,"加注难"问题日益凸显,加注服务水平已成为制约 LNG 燃料在内河水运进一步应用的因素。LNG 储罐与 LNG 加注船作为内河码头的重要加注资源,如何对其科学合理地分配与调度,以便提高船舶的加注效率、改善加注码头的服务水平、满足日益增长的加注需求,是当前 LNG 加注码头的研究热点和难点。

10.2 问题描述

内河 LNG 加注码头是指为 LNG 受注船提供 LNG 加注服务的内河码头,其中加注服务因加注设施、设备的类型不同,可分为泵船对船、岸基对船、船对船、槽车对船、整体换罐五种加注服务方式。其中,由于加注效率低、缺少管理规定且存在安全隐患,槽车对船和整体换罐方式逐渐被加注码头所摒弃,通常仅作为临时或过渡加注方式出现于小型 LNG 加注站。本章仅研究泵船对船、岸基对船、船对船三种加注方式,前两者统称为固定式加注方式,后者称为移动式加注方式。

在固定加注中,码头需基于受注船的抵达信息(如预计到达时间、LNG 加注量及船舶吃

水等)为其制定储罐和泊位(两者一一对应,以储罐表示)分配计划,受注船在特定时间于特定泊位靠泊进行加注。该方式具有加注量大、加注效率高的特点,但加注设备需固定在码头岸线区域,故无法为吨级大、靠泊难的船舶提供加注服务。在移动式加注中,码头通过将 LNG 加注船布置在锚地水域实时进行区域性"送货上门"加注服务,受注船可提前预约 LNG 加注服务,而无须到码头泊位排队加注。该方式的加注量和加注效率均逊于固定式加注方式,但具有较高的灵活性。

本章问题可描述为:在预知计划期内受注船抵达信息后,针对内河 LNG 加注码头储罐分配与加注船调度问题,重点考虑移动式加注与固定式加注的交互影响,兼顾储罐/加注船与受注船匹配限制、受注船可服务时间窗与最大服务时间限制、储罐库存与加注船容量限制等现实约束,决策储罐和加注船的加注作业次序及加注船补给时机,最终实现所有受注船的总加权等待时间最小。

10.3　储罐分配与加注船调度模型

模型参数的定义:T 表示时间单元集合;N 表示 LNG 受注船集合;U 表示 LNG 加注船集合;B 表示 LNG 储罐集合;K 表示船舶可服务时间窗集合;D 表示最大补给次数;M 表示充分大的正数;a_i 表示受注船 i 的到达时间;g_i 表示受注船 i 的最大服务时间;w_i 表示受注船 i 的优先级(权重);l_i^{bun} 表示受注船 i 所需加注的 LNG 量;h_{ir}^{bun} 表示受注船 i 由加注船或储罐 r 加注的时间;l_u^{fix} 表示加注船 u 的单次 LNG 补给量;h_{ub}^{sup} 表示加注船 u 由储罐 b 补给的时间;v_u^{ini} 表示加注船 u 的初始 LNG 量;v_u^{cap} 表示加注船 u 的 LNG 容量;e_b^{ini} 表示储罐 b 的初始 LNG 库存;e_b^{min} 表示储罐 b 的最小 LNG 库存量;f_{ir} 表示若受注船 i 可由加注船或储罐 r 加注则为 1,否则为 0;p_{irk}^{lef} 表示受注船 i 由加注船或储罐 r 服务时的第 k 次可服务时间窗左区间;p_{irk}^{rig} 表示受注船 i 由加注船或储罐 r 服务时的第 k 次可服务时间窗右区间。

决策变量的定义:y_{ir} 表示若受注船 i 由加注船或储罐 r 加注则为 1,否则为 0;y'_{ubd} 表示若加注船 u 的第 d 次补给由储罐 b 完成则为 1,否则为 0;x_i 表示受注船 i 的加注开始时间;x'_{irt} 表示受注船 i 在 t 时刻由加注船或储罐 r 加注;o_{irt} 表示若受注船 i 由加注船或储罐 r 加注的时间位于时刻 t 的左区间则为 1,否则为 0;o'_{irt} 表示若受注船 i 由加注船或储罐 r 加注的时间位于时刻 t 的右区间则为 1,否则为 0;q_{udt} 表示若加注船 u 第 d 次补给的时间位于时刻 t 的左区间则为 1,否则为 0;q'_{udt} 表示若加注船 u 第 d 次补给的时间位于时刻 t 的右区间则为 1,否则为 0;q''_{udt} 表示若加注船 u 在时刻 t 进行第 d 次补给则为 1,否则为 0;q'''_{ubdt} 表示若储罐 b 在时刻 t 对加注船 u 进行第 d 次补给则为 1,否则为 0;z_{ud} 表示加注船 u 第 d 次补给的开始时间;c_{irt} 表示加注船或储罐 r 加注受注船 i 后于 t 时刻的库存变化量;c'_{udt} 表示加注船 u 第 d 次补给后于 t 时刻的库存变化量;c''_{ubdt} 表示储罐 b 完成加注船 u 第 d 次补给后于 t 时刻的库存变化量;s_{ik} 表示若受注船 i 于第 k 次可服务时间窗内开始加注则为 1,否则为 0。

基于上述模型假设及符号说明,可构建储罐分配与加注船调度模型如下。

$$[\text{M10.1}] \quad \min \sum_{i \in N} w_i(x_i - a_i) \tag{10-1}$$

$$\text{s.t.} \sum_{r \in U \cup B} f_{ir} y_{ir} = 1, \forall i \in N \tag{10-2}$$

$$\sum_{b \in B} y'_{ubd} \leq 1, \forall u \in U, d \in D \tag{10-3}$$

$$x_i \geq a_i, \forall i \in N \tag{10-4}$$

$$x_i \leq a_i + g_i, \forall i \in N \tag{10-5}$$

$$\sum_{k \in K} s_{ik} = 1, \forall i \in N \tag{10-6}$$

$$x_i \geq p_{irk}^{lef} + (s_{ik} - 1)M + (y_{ir} - 1)M, \forall i \in N, r \in U \cup B, k \in K \tag{10-7}$$

$$x_i \leq p_{irk}^{rig} + (1 - s_{ik})M + (1 - y_{ir})M, \forall i \in N, r \in U \cup B, k \in K \tag{10-8}$$

$$t \leq x_i + o_{irt}M + (1 - y_{ir})M, \forall i \in N, r \in U \cup B, t \in T \tag{10-9}$$

$$t \geq x_i + h_{ir}^{bun} - o'_{irt}M + (y_{ir} - 1)M, \forall i \in N, r \in U \cup B, t \in T \tag{10-10}$$

$$x'_{irt} = o_{irt} + o'_{irt} - 1, \forall i \in N, r \in U \cup B, t \in T \tag{10-11}$$

$$t \leq z_{ud} + q_{udt}M + (1 - \sum_{b \in B} y'_{ubd})M, \forall u \in U, d \in D, t \in T \tag{10-12}$$

$$t \geq z_{ud} + \sum_{b \in B} h_{ub}^{sup} - q'_{udt}M + (\sum_{b \in B} y'_{ubd} - 1)M, \forall u \in U, d \in D, t \in T \tag{10-13}$$

$$q''_{udt} = q_{udt} + q'_{udt} - 1, \forall u \in U, d \in D, t \in T \tag{10-14}$$

$$q'''_{ubdt} \geq q''_{udt} + (y'_{ubd} - 1)M, \forall u \in U, b \in B, d \in D, t \in T \tag{10-15}$$

$$q_{udt} \leq \sum_{b \in B} y'_{ubd}, \forall u \in U, d \in D, t \in T \tag{10-16}$$

$$\sum_{d \in D} q''_{udt} + \sum_{i \in N} x'_{iut} \leq 1, \forall u \in U, t \in T \tag{10-17}$$

$$\sum_{u \in U} \sum_{d \in D} q'''_{ubdt} + \sum_{i \in N} x'_{ibt} \leq 1, \forall b \in B, t \in T \tag{10-18}$$

$$c_{irt} = -l_i^{bun} o_{irt}, \forall i \in N, r \in U \cup B, t \in T \tag{10-19}$$

$$c'_{udt} = l_u^{fix} q_{udt}, \forall u \in U, d \in D, t \in T \tag{10-20}$$

$$c''_{ubdt} \leq -l_u^{fix} q_{udt} + (1 - y'_{ubd})M, \forall u \in U, b \in B, d \in D, t \in T \tag{10-21}$$

$$v_u^{ini} + \sum_{d \in D} c'_{udt} + \sum_{i \in N} c_{iut} \geq 0, \forall u \in U, t \in T \tag{10-22}$$

$$v_u^{ini} + \sum_{d \in D} c'_{udt} + \sum_{i \in N} c_{iut} \leq v_u^{cap}, \forall u \in U, t \in T \tag{10-23}$$

$$e_b^{ini} + \sum_{u \in U} \sum_{d \in D} c''_{ubdt} + \sum_{i \in N} c_{ibt} \geq e_b^{min}, \forall b \in B, t \in T \tag{10-24}$$

$$x_i, z_{ud} \in T, \forall i \in N, u \in U, d \in D \tag{10-25}$$

$$x'_{irt}, y_{ir}, y'_{ubd}, o_{irt}, o'_{irt}, q_{udt}, q'_{udt}, q''_{udt}, q'''_{ubdt} \in \{0, 1\}, \tag{10-26}$$
$$\forall i \in N, r \in U \cup B, u \in U, b \in B, d \in D, t \in T$$

$$c_{irt}, c''_{ubdt} \leq 0, \forall i \in N, r \in U \cup B, u \in U, b \in B, d \in D, t \in T \tag{10-27}$$

$$c'_{udt} \geq 0, \forall u \in U, d \in D, t \in T \tag{10-28}$$

其中,式(10-1)为最小化计划期内所有受注船的总加权等待时间。式(10-2)保证每艘受注船由满足匹配限制的一艘加注船或一个储罐加注。式(10-3)表示加注船的单次补给至多由一个储罐完成。式(10-4)表示受注船的加注开始时间不得早于其到达时间。式(10-5)表示受注船的加注完成时间不得大于其到达时间同最大服务时间之和。式(10-6)~式(10-8)表示受注船的可服务时间窗限制。式(10-9)保证变量o_{irt}的取值。式(10-10)保证变量o'_{irt}的取值。式

（10-11）表示受注船由加注船和储罐进行加注服务的时刻。式（10-12）保证变量 q_{udt} 的取值。式（10-13）保证变量 q'_{udt} 的取值。式（10-14）表示加注船补给燃料的时刻。式（10-15）表示储罐为加注船补给燃料的时刻。式（10-16）保证变量 q_{udt} 与变量 y'_{ubd} 之间的关系。式（10-17）和式（10-18）分别保证加注船和储罐在同一时刻至多进行一次加注或补给作业。式（10-19）表示受注船加注所带来的加注船或储罐的 LNG 库存变化量。式（10-20）表示储罐补给所带来的加注船 LNG 库存变化量。式（10-21）表示补给加注船所带来的储罐 LNG 库存变化量。式（10-22）和式（10-23）表示加注船容量限制。式（10-24）表示储罐库存限制。式（10-25）～式（10-28）表示变量取值范围。

10.4　算法设计

鉴于现有的商业求解器无法有效求解模型，本章针对所研究问题的特点将原模型重建为一个新的集划分模型，并设计行列生成算法进行求解。

为便于建模，定义 β_{ip} 表示若方案 p 属于船舶 i 则为1，否则为0。定义 δ_{prt} 表示若方案 p 在时步 t 占用加注船或储罐 r 则为1，否则为0。定义 η_{prt} 表示方案 p 在时步 t 之前对加注船/储罐 r 所加注（消耗）或补给的 LNG 量。定义 α_p 表示方案 p 的成本系数，满足 $\alpha_p = \sum_{i \in N} \beta_{ip} w_i(x_i - a_i)$。令 χ_p^{bun} 和 χ_p^{sup} 为决策变量，分别表示若加注和补给方案 p 被选择构成解决方案则为1，否则为0。

基于此，原问题的集划分模型可构建如下：

$$[\text{M10.2}] \min \sum_{p \in P^{bun}} \alpha_p \chi_p^{bun} \tag{10-29}$$

$$\text{s.t.} \sum_{p \in P^{bun}} \beta_{ip} \chi_p^{bun} = 1, \forall i \in N \tag{10-30}$$

$$\sum_{p \in P^{bun}} \delta_{prt} \chi_p^{bun} + \sum_{p \in P^{sup}} \delta_{prt} \chi_p^{sup} \leq 1, \forall r \in U \cup B, t \in T \tag{10-31}$$

$$v_u^{ini} + \sum_{p \in P^{bun}} \eta_{put} \chi_p^{bun} + \sum_{p \in P^{sup}} \eta_{put} \chi_p^{sup} \geq 0, \forall u \in U, t \in T \tag{10-32}$$

$$v_u^{ini} + \sum_{p \in P^{bun}} \eta_{put} \chi_p^{bun} + \sum_{p \in P^{sup}} \eta_{put} \chi_p^{sup} \leq v_u^{cap}, \forall u \in U, t \in T \tag{10-33}$$

$$e_b^{ini} + \sum_{p \in P^{bun}} \eta_{pbt} \chi_p^{bun} + \sum_{p \in P^{sup}} \eta_{pbt} \chi_p^{sup} \geq e_b^{min}, \forall b \in B, t \in T \tag{10-34}$$

$$\chi_p^{bun}, \chi_{p'}^{sup} \in \{0,1\}, \forall p \in P^{bun}, p' \in P^{sup} \tag{10-35}$$

其中，式（10-29）为最小化选定加注方案的总加权等待时间。式（10-30）表示为每艘受注船选择一个加注方案。式（10-31）保证每艘加注船或每个储罐在每个时刻最多仅能进行一次加注或补给作业。式（10-32）和式（10-33）表示加注船容量限制。式（10-34）表示储罐库存限制。式（10-35）为变量范围。

在本章问题中，加注船的移动/航行时间远小于加注或补给任务的作业时间，其对作业次序的影响可忽略不计（如有需要，在现实中可通过先获得作业次序再加入航行时间的方式反映）。由此，原问题可视为任务分配问题；其中子问题为任务的时间占用和 LNG 量消耗问题，可通过枚举法有效求解。

本章采用如下技术来加速行列生成算法的收敛。令 $\prod_{iter}=(\pi,\sigma,\tau,\lambda,\theta)$ 表示算法在第 $iter$ 次迭代时模型 RM10.2(线性松弛)最优对偶变量值的向量(对偶向量)。给定 $\prod_{iter}$ 和 $\prod_{iter-1}$,计算修正对偶向量 $\overline{\prod}_{iter}=\Delta_1\prod_{iter}+(1-\Delta_1)\prod_{iter-1}$,其中 $\Delta_1\in(0,1)$ 为给定参数。在行列生成算法每一代(从第二代开始)中,基于 $\prod_{iter}$ 和 $\overline{\prod}_{iter}$ 调用所提出的精确算法求解子问题(共两次)以生成更多高质量的列。

本章算法终止条件为:当相邻两代中模型 RM10.2 的最优目标值偏差连续 υ 次均不超过 ε,则终止行列生成算法迭代,此时基于所有获得的行和列直接求解模型 M10.2。

10.5 案例分析

本章以配有两个岸基式 LNG 储罐和两艘加注船的某内河 LNG 加注码头为例,相关配置参数基于"海港星 01"水上 LNG 加注站(江苏南京)和三江港富地富江 LNG 加注码头(湖北鄂州)等地的调研数据给出。假定储罐和加注船各自具有同质属性,储罐相关信息如下:初始库存为 250 m^3,最小库存为 50 m^3,辅助作业时间(船舶靠、离泊时间及卸料臂和管线预冷时间等)为 20 min,加注/补给速度为 100 m^3/h。加注船相关信息如下:初始 LNG 量/容量为 70 m^3,单次补给量为 50 m^3,辅助作业时间为 30 min,加注/补给速度为 100 m^3/h。设定计划期长度为一天,以 1 min 为时间单元,分为 1 440 个单元。受注船相关信息如下:LNG 加注量从集合 $\{5,10,15\}$ m^3 中随机生成,到达时间从集合 $\{1,2,\ldots,|T|-360\}$ min 中随机生成(其中 360 min 为提前期),最长服务时间从区间 $[360,720]$ min 中随机生成,权重从区间 $[1,10]$ 中随机生成,可服务时间窗为早上 5 点至晚上 7 点。

本章实验都运行在 3.2 GHz AMD Ryzen 5 1400 和 8 GB 内存的四核计算机上,算法采用 Python 3.6.3 编码,线性规划与混合整数规划模型通过调用商业求解器 GUROBI 8.1.1 求解,时限为 1 h。通过多次实验对比,设定算法参数为:$(Col,\Delta_1,\upsilon,\varepsilon)=(10,0.5,5,0.000\ 1)$。

为验证本章方案的有效性,将本章方案同现行先到先服务(FCFS)方案进行对比。根据调研,FCFS 方案可概述为:对于受注船加注问题,按先到先服务规则优先将受注船分配至可服务于该船的储罐,其次将其分配给可服务于该船的加注船。对于加注船补给问题,补给作业的触发满足两条件之一:①加注船剩余 LNG 量不足以服务下一艘受注船;②加注船剩余 LNG 量满足定量补给限制且相邻两艘受注船的到达时间间隔超过 1 h,此时由最早空闲储罐完成补给。对比结果如表 10-1 所示。

表 10-1 本章方案同 FCFS 方案对比表

序号	$|N|$	目标值(min)		相对偏差(%)	序号	$|N|$	目标值(min)		相对偏差(%)
		本章方案	FCFS 方案				本章方案	FCFS 方案	
1	10	1 893	1 893	0.00	12	40	8 098	9 511	17.45
2	11	1 879	1 879	0.00	13	41	16 203	19 753	21.91
3	12	1 257	1 257	0.00	14	42	12 390	13 796	11.35

续表

序号	$\|N\|$	目标值（min）		相对偏差（%）	序号	$\|N\|$	目标值（min）		相对偏差（%）
		本章方案	FCFS 方案				本章方案	FCFS 方案	
4	13	2 700	2 700	0.00	15	43	17 834	20 136	12.91
5	14	1 800	1 800	0.00	16	44	13 759	17 241	25.31
6	15	6 069	6 212	2.36	17	45	12 239	15 892	29.85
7	16	4 617	5 223	13.13	18	46	11 174	13 470	20.55
8	17	8 081	9 105	12.67	19	47	11 337	14 369	26.74
9	18	4 755	5 775	21.45	20	48	17 054	22 018	29.11
10	19	7 322	7 844	7.13	21	49	26 089	36 097	38.36
11	20	10 341	11 272	9.00	22	50	16 058	22 854	42.32
平均值	15	4 610	4 996	5.98	平均值	45	14 749	18 649	25.08

从表 10-1 可知，在小、大规模算例下，本章方案同 FCFS 方案的目标值相对偏差分别为 5.98%、25.08%，本章方案显著优于 FCFS 方案。这是因为本章方案统筹考虑了受注船权重、到达时间及 LNG 加注量的影响，安排加注船与储罐充分利用加注作业的空闲时间对高优先级受注船进行提前加注作业，并在加注船需要补给 LNG 时插空进行补给作业，有利于实现资源的最大化利用。

10.6　本章小结

本章建立了内河 LNG 加注码头储罐分配与加注船调度问题的混合整数线性规划模型，重点考虑岸基式加注、泵船式加注这两种固定式加注方式和（移动式）加注船加注方式。针对问题的特点将储罐分配与加注船调度模型重建为集划分模型，设计了行列生成算法求解模型。通过数值实验，验证了方案及算法的有效性，可为加注码头运营提供决策支持。

第五篇

总结与展望

第 11 章

研究总结与研究展望

11.1 全书研究内容总结

随着贸易全球化的快速发展,海运需求不断攀升,世界上许多海港都在超负荷运转。旺盛的货运需求给传统港口设施、运营管理带来巨大挑战,导致压船、压港和压货的"三压"现象时有发生。在港口集约化、绿色化、智能化发展的新形势下,如何对港口资源科学整合、集约利用和统一调度,提高港口运营效率、缓解港口拥堵情况、增强港口国际竞争力,是我国港口管理者迫切关注和亟须解决的关键问题。因此,港口管理优化决策研究就成为管理科学、交通运输、系统工程等领域的重要方向。

本书沿着港口运营管理概念—典型优化决策问题—相关领域研究现状—陆侧管理优化决策—海侧管理优化决策—绿色航运下港口新型燃料加注运作决策这一逻辑主线,综合整数规划、智能优化算法等理论与方法,对港口运营管理中的场桥运作、集卡调配、岸桥指派、泊位分配、航道调度、燃料加注等管理决策问题进行建模与优化。

陆侧管理优化决策方面:包括面向陆侧集疏运的港外集卡提箱问题、面向海侧集疏运的港内集卡提箱问题以及面向码头前沿侧的无人集卡分配与岸桥调度问题。其中,在港外集卡提箱问题中,针对进口重箱堆场的一个箱区,重点考虑场桥作业过程中待提箱上压箱翻倒时机及落位的影响,兼顾作业场桥之间不可跨越和保持一定安全距离等现实约束,设计了融入交叉变异策略和禁忌搜索规则的改进和声搜索算法。而在港内集卡提箱问题中,以出口箱堆场的场桥为研究对象,重点考虑基于配载计划中待提箱上压箱翻倒的时机和分配,视倒箱为作业过程中另一类别的任务,将倒箱任务和提箱任务集成优化,构建了以带惩罚因子的内集卡总等待时间最小为目标的混合整数线性规划模型,并设计了混合和声模拟退火算法。在无人集卡分配与岸桥调度问题中,本书讨论了自动化码头中无人集卡与岸桥的协同调度,设计了基于分支定界和列

生成的集成调度算法。最后,以大连港、青岛港等港口的实地调研数据为基础进行了数值实验,所提出模型及算法可在合理时间内获得满意的场桥、无人集卡、岸桥调度方案。

海侧管理优化决策方面:围绕世界上典型的三种港口航道配置,即单向航道、双向航道和复式航道,针对复杂通航环境下的海港泊位和航道调度问题开展系统研究。使用确定性建模方法和应对不确定性的两种重要建模方法,即滚动计划调度和随机规划方法,分别构建单向航道港口泊位分配与船舶排序集成调度模型、考虑移泊活动的双向航道港口泊位和航道滚动计划模型、不确定环境下复式航道港口泊位和航道调度模型,并分别开发自适应大邻域搜索算法、列生成算法、Benders 分解算法和基于阶段分解的启发式算法求解模型,为港口制定合理的泊位分配、航道选择、拖船指派和船舶排序计划,最终实现港口泊位和航道服务效率的提升,为港口日常生产调度提供理论支持和实践指导。

绿色航运下港口新型燃料加注运作决策方面:针对内河液化天然气加注码头的燃料加注补给运作问题,考虑泵船对船、岸基对船、槽车对船三种固定式加注模式,船对船移动式加注模式,以及槽车补给、管道补给、运输船补给三种补给模式,建立混合整数线性规划模型,优化加注补给模式选择、库存管理、服务次序、槽车调度、加注船路径决策。通过分析问题的特性,设计并实施了基于分支定价和行列生成的算法及一系列加速技术来求解所建立的数学模型。基于实际的加注站运作环境进行数值实验和实证研究,验证了方法的有效性。研究成果有助于提高内河液化天然气加注码头运作效率,缓解船舶排队等待问题。

11.2　未来研究方向展望

随着全球经济的发展和海运需求的增长,传统港口设施、运营方式正经受严峻的考验。在港口自然资源约束日益严峻、国际港口竞争格局日趋激烈、服务供需失衡矛盾日渐凸显的新形势下,对于港口管理优化决策的研究需要进一步完善和深入。未来研究方向可归纳为以下几点。

集成调度:港口服务效率受多个作业子系统的影响,如航道子系统、泊位子系统和堆场子系统等,各作业系统之间相互影响、相互制约,共同决定港口通过能力。未来研究方向应致力于开发一体化的调度系统,考虑场桥、集卡、岸桥、堆取料机、装卸船机、皮带机、输油臂、罐区等陆侧资源及泊位、航道、锚地、拖船、引航等海侧资源的可用性、效率和协同性,实现港口资源的动态分配和多作业系统的协同调度,从而推动港口运营的数字化和智能化发展。

数据驱动的优化算法:针对复杂的港口调度问题,传统的启发式方法和精确解算法往往面临效率和精确性的挑战。未来研究方向可探索如何运用机器学习、人工智能等技术改进这些算法,如通过深度学习和强化学习发现潜在的优化模式和规律,开发新的启发式算法和近似优化方法,以更有效地解决港口调度问题。此外,港口运营管理通常涉及海量数据,如何利用机器学习、神经网络等方法挖掘数据特征,揭示复杂港口管理系统中船舶货运需求与港口资源供给的耦合原理,建立数据驱动的船舶货运需求预测模型,以适应不断变化的港口环境,是另一个可行的研究方向。

不确定性因素:港口运营面临天气变化、交通拥堵、货物需求波动等不确定性因素,这些因素会对作业计划和资源调度造成重大影响,导致港口生产作业效率提升困难等问题。探索基于概率和鲁棒优化的调度方法,或结合实时数据和预测模型开发具有自适应能力的调度系统,以应对不确定性因素带来的影响,提高港口韧性,是未来的热门研究方向。

参考文献

［1］ABDELMAGID A M, GHEITH M S, ELTAWIL A B. A comprehensive review of the truck appointment scheduling models and directions for future research［J］. Transport Reviews, 2022, 42(1): 102-126.

［2］ABOU KASM O, DIABAT A. Next-generation quay crane scheduling［J］. Transportation Research Part C: Emerging Technologies, 2020, 114: 694-715.

［3］ABOU KASM O, DIABAT A, Bierlaire M. Vessel scheduling with pilotage and tugging considerations［J］. Transportation Research Part E: Logistics and Transportation Review, 2021, 148: 102231.

［4］ADAMO T, BEKTA T, GHIANI G, et al. Path and speed optimization for conflict-free pickup and delivery under time windows［J］. Transportation Science, 2018, 52(4): 739-755.

［5］AL-DHAHERI N, DIABAT A. A Lagrangian relaxation-based heuristic for the multi-ship quay crane scheduling problem with ship stability constraints［J］. Annals of Operations Research, 2016, 248(1-2): 1-24.

［6］ALSOUFI G, YANG X, SALHI A. Combined quay crane assignment and quay crane scheduling with crane inter-vessel movement and non-interference constraints［J］. Journal of the Operational Research Society, 2018, 69(3): 372-383.

［7］ANGULO G, AHMED S, DEY S S. Improving the integer L-shaped method［J］. INFORMS Journal on Computing, 2016, 28(3): 483-499.

［8］BALDI M M, CRAINIC T G, PERBOLI G, et al. The generalized bin packing problem［J］. Transportation Research Part E: Logistics and Transportation Review, 2012, 48(6): 1205-1220.

［9］BALDI M M, MANERBA D, PERBOLI G, et al. A generalized bin packing problem for parcel delivery in last-mile logistics［J］. European Journal of Operational Research, 2019, 274(3): 990-999.

［10］BARNHART C, JOHNSON E, NEMHAUSER G, et al. Branch-and-price: Column generation for solving huge integer programs［J］. Operations Research, 1998, 46: 316-329.

[11] BARROS V H, COSTA T S, OLIVEIRA A C M, et al. Model and heuristic for berth allocation in tidal bulk ports with stock level constraints[J]. Computers & Industrial Engineering, 2011, 60(4): 606-613.

[12] BEENS M A, URSAVAS E. Scheduling cranes at an indented berth[J]. European Journal of Operational Research, 2016, 253(2): 298-313.

[13] BENDERS J F. Partitioning procedures for solving mixed-variables programming problems [J]. Numerische Mathematik, 1962, 4: 238-252.

[14] BENNELL J A, CABO M, MARTÍNEZ-SYKORA A. A beam search approach to solve the convex irregular bin packing problem with guillotine cuts [J]. European Journal of Operational Research, 2018, 270(1): 89-102.

[15] BIERWIRTH C, MEISEL F. A fast heuristic for quay crane scheduling with interference constraints[J]. Journal of Scheduling, 2009, 12(4): 345-360.

[16] BIERWIRTH C, MEISEL F. A survey of berth allocation and quay crane scheduling problems in container terminals[J]. European Journal of Operational Research, 2010, 202 (3): 615-627.

[17] BIERWIRTH C, MEISEL F. A follow-up survey of berth allocation and quay crane scheduling problems in container terminals[J]. European Journal of Operational Research, 2015, 244(3): 675-689.

[18] BRISKORN D, DAVARI M, MATUSCHKE J. Single-machine scheduling with an external resource[J]. European Journal of Operational Research, 2021, 293(2): 457-468.

[19] CAO Y, YANG A, LIU Y, et al. AGV dispatching and bidirectional conflict-free routing problem in automated container terminal[J]. Computers & Industrial Engineering, 2023, 184: 109611.

[20] CHEN J H, BIERLAIRE M. The study of the unidirectional quay crane scheduling problem: Complexity and risk-aversion[J]. European Journal of Operational Research, 2017, 260(2): 613-624.

[21] CHEN J H, LEE D H, GOH M. An effective mathematical formulation for the unidirectional cluster-based quay crane scheduling problem[J]. European Journal of Operational Research, 2014, 232(1): 198-208.

[22] CHEN X, HE S, ZHANG Y, et al. Yard crane and AGV scheduling in automated container terminal: A multi-robot task allocation framework[J]. Transportation Research Part C: Emerging Technologies, 2020, 114: 241-271.

[23] CHOE R, KIM J, RYU K R. Online preference learning for adaptive dispatching of AGVs in an automated container terminal[J]. Applied Soft Computing, 2016, 38: 647-660.

[24] CHOE R, KIM T S, KIM T K, et al. Crane scheduling for opportunistic remarshaling of containers in an automated stacking yard[J]. Flexible Services and Manufacturing Journal, 2015, 27(2): 331-349.

[25] CORRY P, BIERWIRTH C. The berth allocation problem with channel restrictions [J]. Transportation Science, 2019, 53(3): 708-727.

[26] DADASHI A, DULEBENETS M A, GOLIAS M M, et al. A novel continuous berth scheduling model at multiple marine container terminals with tidal considerations[J]. Maritime Business Review, 2017, 2(2): 142-157.

[27] DELL'AMICO M, FURINI F, IORI M. A branch-and-price algorithm for the temporal bin packing problem[J]. Computers & Operations Research, 2020, 114: 104825.

[28] DELPORTE-GALLET C, FAUCONNIER H, GAFNI E, et al. The assignment problem[J]. Theoretical Computer Science, 2021, 886: 13-26.

[29] DU Y, CHEN Q, LAM J S L, et al. Modeling the impacts of tides and the virtual arrival policy in berth allocation[J]. Transportation Science, 2015, 49: 939-956.

[30] ERNST A T, O 81 JZ8 CE, SINGH G, et al. Mathematical models for the berth allocation problem in dry bulk terminals[J]. Journal of Scheduling, 2017, 20: 459-473.

[31] FONTES D B M M, HOMAYOUNI S M. A bi-objective multi-population biased random key genetic algorithm for joint scheduling quay cranes and speed adjustable vehicles in container terminals[J]. Flexible Services and Manufacturing Journal, 2023, 35(1): 241-268.

[32] FRIEZE A, PEGDEN W, TKOCZ T. On random multi-dimensional assignment problems [J]. Discrete Applied Mathematics, 2020, 287: 1-9.

[33] GAO Z, JI M, KONG L, et al. Scheduling of automated ore terminal operations based on fixed inflow rhythm[J]. Transportation Research Part E: Logistics and Transportation Review, 2024, 182: 103411.

[34] GHAREHGOZLI A H, ROY D, DE KOSTER R. Sea container terminals: new technologies and OR models[J]. Maritime Economics & Logistics, 2016, 18(2): 103-140.

[35] GIALLOMBARDO G, MOCCIA L, SALANI M, et al. Modeling and solving the tactical berth allocation problem[J]. Transportation Research Part B: Methodological, 2010, 44 (2): 232-245.

[36] GOLIAS M M, BOILE M, THEOFANIS S. A lamda-optimal based heuristic for the berth scheduling problem[J]. Transportation Research Part C: Emerging Technologies, 2010, 18 (5): 794-806.

[37] GUEDES P C, LOPES W P, ROHDE L R, et al. Simple and efficient heuristic approach for the multiple-depot vehicle scheduling problem [J]. Optimization Letters, 2016, 10 (7): 1449-1461.

[38] GUO L, ZHENG J, DU H, et al. The berth assignment and allocation problem considering cooperative liner carriers[J]. Transportation Research Part E: Logistics and Transportation Review, 2022, 164: 102793.

[39] GUO X, HUANG S Y, HSU W J, et al. Dynamic yard crane dispatching in container terminals with predicted vehicle arrival information[J]. Advanced Engineering Informatics, 2011, 25(3): 472-484.

[40] GUO Z, XU Y, YU Y, et al. Anchorage capacity reliability and redundancy optimization research in coastal ports[J]. Engineering Optimization, 2020, 53(5): 1-20.

[41] GUPTA A, ROY D, DE KOSTER R, et al. Optimal stack layout in a sea container terminal

with automated lifting vehicles[J]. International Journal of Production Research, 2017, 55
(13): 3747-3765.

[42] GZARA F, ELHEDHLI S, YILDIZ B C. The pallet loading problem: Three-dimensional bin
packing with practical constraints[J]. European Journal of Operational Research, 2020, 287
(3): 1062-1074.

[43] HANSEN P, OGUZ C, MLADENOVIC N. Variable neighborhood search for minimum cost
berth allocation[J]. European Journal of Operational Research, 2008, 191(3): 636-649.

[44] HSU H P, WANG C N, NGUYEN T T T, et al. Hybridizing WOA with PSO for coordina-
ting material handling equipment in an automated container terminal considering energy con-
sumption[J]. Advanced Engineering Informatics, 2024, 60: 102410.

[45] HU H, CHEN X, WANG T, et al. A three-stage decomposition method for the joint vehicle
dispatching and storage allocation problem in automated container terminals[J]. Computers &
Industrial Engineering, 2019, 129: 90-101.

[46] HU H, YANG X, XIAO S, et al. Anti-conflict AGV path planning in automated container
terminals based on multi-agent reinforcement learning[J]. International Journal of Production
Research, 2023, 61(1): 65-80.

[47] HU X, GUO J, ZHANG Y. Optimal strategies for the yard truck scheduling in container ter-
minal with the consideration of container clusters[J]. Computers & Industrial Engineering,
2019, 137: 106083.

[48] HUANG S Y, LI Y. Yard crane scheduling to minimize total weighted vessel loading time in
container terminals[J]. Flexible Services and Manufacturing Journal, 2017, 29: 689-720.

[49] IRIS C, LAM J S L. Recoverable robustness in weekly berth and quay crane planning[J].
Transportation Research Part B: Methodological, 2019, 122: 365-389.

[50] JIAO X, ZHENG F, LIU M, et al. Integrated berth allocation and time-variant quay crane
scheduling with tidal impact in approach channel[J]. Discrete Dynamics in Nature & Society,
2018, 2018(1): 1-19.

[51] JIA S, LI C L, XU Z. Managing navigation channel traffic and anchorage area utilization of
a container port[J]. Transportation Science, 2019, 53(3): 728-745.

[52] JIA S, LI C L, XU Z. A simulation optimization method for deep-sea vessel berth planning
and feeder arrival scheduling at a container port[J]. Transportation Research Part B: Method-
ological, 2020a, 142: 174-196.

[53] JIA S, WU L, MENG Q. Joint scheduling of vessel traffic and pilots in seaport waters[J].
Transportation Science, 2020b, 54(6): 1495-1515.

[54] JOVANOVIC S, SKORIA-VELLA J, RADMILOVIC Z. Ship waiting time in a river port
with priority servicing and limited anchorage area[J]. Maritime Heritage and Modern Ports,
2005(79): 301-309.

[55] KANG L, MENG Q, TAN K C. Tugboat scheduling under ship arrival and tugging process
time uncertainty[J]. Transportation Research Part E: Logistics and Transportation Review,
2020, 144: 102125.

[56] KELAREVA E, TIERNEY K, KILBY P. CP methods for scheduling and routing with time-dependent task costs[J]. EURO Journal on Computational Optimization, 2014, 2: 147-194.

[57] KIM K Y, KIM K H. A routing algorithm for a single straddle carrier to load export containers onto a containership[J]. International Journal of Production Economics, 1999, 59(1-3): 425-433.

[58] KIRKPATRICK S, GELATT C D, VECCHI M P. Optimization by simulated annealing[J]. Science, 1983, 220(4598): 671-680.

[59] KIZILAY D, ELIIYI D T. A comprehensive review of quay crane scheduling, yard operations and integrations thereof in container terminals[J]. Flexible Services and Manufacturing Journal, 2021, 33: 1-42.

[60] KONG L, JI M, YU A, et al. Scheduling of automated guided vehicles for tandem quay cranes in automated container terminals[J]. Computers & Operations Research, 2024, 163: 106505.

[61] KORDI S, DAVIDOVI T, KOVA N, et al. Combinatorial approach to exactly solving discrete and hybrid berth allocation problem[J]. Applied Mathematical Modelling, 2016, 40 (21-22): 8952-8973.

[62] KULKARNI S, KRISHNAMOORTHY M, RANADE A, et al. A new formulation and a column generation-based heuristic for the multiple depot vehicle scheduling problem[J]. Transportation Research Part B: Methodological, 2018, 118: 457-487.

[63] LALLA-RUIZ E, EXPÓSITO-IZQUIERDO C, MELIÁN-BATISTA B, et al. A set-partitioning-based model for the berth allocation problem under time-dependent limitations[J]. European Journal of Operational Research, 2016, 250(3): 1001-1012.

[64] LALLA-RUIZ E, SHI X, VOß S. The waterway ship scheduling problem[J]. Transportation Research Part D: Transport and Environment, 2018, 60(5): 191-209.

[65] LAPORTE G, LOUVEAUX F V. The integer L-shaped method for stochastic integer programs with complete recourse[J]. Operations Research Letters, 1993, 13(3): 133-142.

[66] LASHKARI S, WU Y, PETERING M E H, et al. Sequencing dual-spreader crane operations: Mathematical formulation and heuristic algorithm[J]. European Journal of Operational Research, 2017, 262(2): 521-534.

[67] LI S, JIA S. The seaport traffic scheduling problem: formulations and a column-row generation algorithm[J]. Transportation Research Part B: Methodological, 2019, 128: 158-184.

[68] LI W K, WU Y, PETERING M E H, et al. Discrete time model and algorithms for container yard crane scheduling[J]. European Journal of Operational Research, 2009, 198(1): 165-172.

[69] LI W K, GOH M, WU Y, et al. A continuous time model for multiple yard crane scheduling with last minute job arrivals[J]. International Journal of Production Economics, 2012, 136 (2): 332-343.

[70] LI X, PENG Y, TIAN Q, et al. A decomposition-based optimization method for integrated vehicle charging and operation scheduling in automated container terminals under fast

charging technology[J]. Transportation Research Part E: Logistics and Transportation Review, 2023, 180: 103338.

[71] LIANG Z, XIAO F, QIAN X, et al. A column generation-based heuristic for aircraft recovery problem with airport capacity constraints and maintenance flexibility[J]. Transportation Research Part B: Methodological, 2018, 113: 70-90.

[72] LIU B, LI Z C, SHENG D, et al. Integrated planning of berth allocation and vessel sequencing in a seaport with one-way navigation channel[J]. Transportation Research Part B: Methodological, 2021a, 143: 23-47.

[73] LIU B, LI Z C, WANG Y, et al. Short-term berth planning and ship scheduling in a busy seaport with channel restrictions[J]. Transportation Research Part E: Logistics and Transportation Review, 2021b, 154: 102467.

[74] LIU B, LI Z C, WANG Y. A two-stage stochastic programming model for seaport berth and channel planning with uncertainties in ship arrival and handling times[J]. Transportation Research Part E: Logistics and Transportation Review, 2022, 167: 102919.

[75] LIU B, LI Z C, WANG Y. A branch-and-price heuristic algorithm for the bunkering operation problem of a liquefied natural gas bunkering station in the inland waterways[J]. Transportation Research Part B: Methodological, 2023, 167: 145-170.

[76] LUO J, WU Y. Modelling of dual-cycle strategy for container storage and vehicle scheduling problems at automated container terminals[J]. Transportation Research Part E: Logistics and Transportation Review, 2015, 79: 49-64.

[77] MADADI B, AKSAKALLI V. A stochastic approximation approach to spatio-temporal anchorage planning with multiple objectives[J]. Expert Systems with Applications, 2020, 146: 113170.

[78] MAURI G R, RIBEIRO G M, LORENA L A N, et al. An adaptive large neighborhood search for the discrete and continuous berth allocation problem[J]. Computers & Operations Research, 2016, 70: 140-154.

[79] MENG Q, WANG S, LEE C Y. A tailored branch-and-price approach for a joint tramp ship routing and bunkering problem[J]. Transportation Research Part B: Methodological, 2015, 72: 1-19.

[80] MNICH M, VAN BEVERN R. Parameterized complexity of machine scheduling: 15 open problems[J]. Computers & Operations Research, 2018, 100: 254-261.

[81] MSAKNI M K, DIABAT A, RABADI G, et al. Exact methods for the quay crane scheduling problem when tasks are modeled at the single container level[J]. Computers & Operations Research, 2018, 99: 218-233.

[82] NADERI B, ROSHANAEI V. Branch-Relax-and-Check: A tractable decomposition method for order acceptance and identical parallel machine scheduling[J]. European Journal of Operational Research, 2020, 286(3): 811-827.

[83] NG W C, MAK K L. An effective heuristic for scheduling a yard crane to handle jobs with different ready times[J]. Engineering Optimization, 2005a, 37(8): 867-877.

［84］NG W C, MAK K L. Yard crane scheduling in port container terminals［J］. Applied Mathe-matical Modelling, 2005b, 29(3): 263-276.

［85］NGUYEN V D, KIM K H. A dispatching method for automated lifting vehicles in automated port container terminals［J］. Computers & Industrial Engineering, 2009, 56(3): 1002-1020.

［86］NOSSACK J, PESCH E. A truck scheduling problem arising in intermodal container transpor-tation［J］. European Journal of Operational Research, 2013, 230(3): 666-680.

［87］ÖNCAN T, UVAK Z, AKYÜZ M H, et al. Assignment problem with conflicts［J］. Com-puters & Operations Research, 2019, 111: 214-229.

［88］PARK H J, CHO S W, LEE C. Particle swarm optimization algorithm with time buffer inser-tion for robust berth scheduling ［J］. Computers & Industrial Engineering, 2021, 160: 107585.

［89］PARK T, CHOE R, OK S M, et al. Real-time scheduling for twin ASCs in an automated container［J］. Operation Research Spectrum, 2010, 32: 593-615.

［90］PEPIN A S, DESAULNIERS G, HERTZ A, et al. A comparison of five heuristics for the multiple depot vehicle scheduling problem［J］. Journal of Scheduling, 2009, 12(1): 17-30.

［91］QIN T, DU Y, SHA M. Evaluating the solution performance of IP and CP for berth alloca-tion with time-varying water depth［J］. Transportation Research Part E: Logistics and Trans-portation Review, 2016, 87: 167-185.

［92］RODRIGUES F, AGRA A. Berth allocation and quay crane assignment/scheduling problem under uncertainty: A survey［J］. European Journal of Operational Research, 2022, 303(2): 501-524.

［93］SANCI E, DASKIN M S. An integer L-shaped algorithm for the integrated location and net-work restoration problem in disaster relief［J］. Transportation Research Part B: Methodologi-cal, 2021, 145: 152-184.

［94］SETHI S, SORGER G. A theory of rolling horizon decision making［J］. Annals of operations research, 1991, 29(1): 387-415.

［95］SILVA A, COELHO L C, DARVISH M. Quadratic assignment problem variants: A survey and an effective parallel memetic iterated tabu search［J］. European Journal of Operational Research, 2021, 292(3): 1066-1084.

［96］SONG X, CHEN N, ZHAO M, et al. Novel AGV resilient scheduling for automated contain-er terminals considering charging strategy ［J］. Ocean & Coastal Management, 2024, 250: 107014.

［97］SUN D, TANG L, BALDACCI R. A Benders decomposition-based framework for solving quay crane scheduling problems［J］. European Journal of Operational Research, 2019, 273 (2): 504-515.

［98］SUN D, TANG L, BALDACCI R, et al. An exact algorithm for the unidirectional quay crane scheduling problem with vessel stability［J］. European Journal of Operational Research, 2021, 291(1): 271-283.

［99］UMANG N, BIERLAIRE M, ERERA A L. Real-time management of berth allocation with

stochastic arrival and handling times[J]. Journal of Scheduling, 2017, 20(1): 67-83.

[100] UNSAL O, OGUZ C. An exact algorithm for integrated planning of operations in dry bulk terminals[J]. Transportation Research Part E: Logistics and Transportation Review, 2019, 126: 103-121.

[101] VALLADA E, BELENGUER J M, VILLA F, et al. Models and algorithms for a yard crane scheduling problem in container ports[J]. European Journal of Operational Research, 2023, 309(2): 910-924.

[102] WANG T, BALDACCI R, LIM A, et al. A branch-and-price algorithm for scheduling of deteriorating jobs and flexible periodic maintenance on a single machine[J]. European Journal of Operational Research, 2018, 271(3): 826-838.

[103] WANG Y, MENG Q. Semi-liner shipping service design[J]. Transportation Science, 2020, 54(5): 1153-1438.

[104] WAWRZYNIAK J, DROZDOWSKI M, SANLAVILLE É. Selecting algorithms for large berth allocation problems[J]. European Journal of Operational Research, 2020, 283(3): 844-862.

[105] WEI X, JIA S, MENG Q, et al. Tugboat scheduling for container ports[J]. Transportation Research Part E: Logistics and Transportation Review, 2020, 142: 102071.

[106] WU L, JIA S, WANG S. Pilotage planning in seaports[J]. European Journal of Operational Research, 2020, 287(1): 90-105.

[107] WU M, GAO J, LI L, et al. Control optimisation of automated guided vehicles in container terminal based on Petri network and dynamic path planning[J]. Computers and Electrical Engineering, 2022, 104: 108471.

[108] WU Y, LI W, PETERING M E H, et al. Scheduling multiple yard cranes with crane interference and safety distance requirement[J]. Transportation Science, 2015, 49(4): 990-1005.

[109] XIA J, WANG K, WANG S. Drone scheduling to monitor vessels in emission control areas [J]. Transportation Research Part B: Methodological, 2019, 119: 174-196.

[110] XIANG X, LIU C, MIAO L X. A bi-objective robust model for berth allocation scheduling under uncertainty[J]. Transportation Research Part E: Logistics and Transportation Review, 2017, 106: 294-319.

[111] XIAO S, HUANG J, HU H, et al. Automatic guided vehicle scheduling in automated container terminals based on a hybrid mode of battery swapping and charging[J]. Journal of Marine Science and Engineering, 2024, 12(2): 305.

[112] XIE F, WU T, ZHANG C. A branch-and-price algorithm for the integrated berth allocation and quay crane assignment problem[J]. Transportation Science, 2019, 53(5): 1427-1454.

[113] XU D, LI C L, LEUNG Y T. Berth allocation with time-dependent physical limitations on vessels[J]. European Journal of Operational Research, 2012, 216(1): 47-56.

[114] XU H, YANG D. LNG-fuelled container ship sailing on the Arctic Sea: Economic and emission assessment[J]. Transportation Research Part D: Transport and Environment, 2020,

87: 102556.

[115] XU Y, XUE K, DU Y. Berth scheduling problem considering traffic limitations in the navigation channel[J]. Sustainability, 2018, 10(12): 1-22.

[116] XU Z, LEE C Y. New lower bound and exact method for the continuous berth allocation problem[J]. Operations Research, 2018, 66(3): 778-798.

[117] YANG X, MI W, LI X, et al. A simulation study on the design of a novel automated container terminal[J]. IEEE Transactions on Intelligent Transportation Systems, 2015, 16(5): 1-11.

[118] YANG Y, ZHONG M, DESSOUKY Y, et al. An integrated scheduling method for AGV routing in automated container terminals[J]. Computers & Industrial Engineering, 2018, 126: 482-493.

[119] YAO L, ZHENG H, LIU Y, et al. Yard crane rescheduling under the influence of random fault[J]. Machines, 2023, 11(6): 580.

[120] YU S, WANG S, ZHEN L. Quay crane scheduling problem with considering tidal impact and fuel consumption[J]. Flexible Services and Manufacturing Journal, 2017, 29(3-4): 345-368.

[121] YU Y, WANG S, WANG J, et al. A branch-and-price algorithm for the heterogeneous fleet green vehicle routing problem with time windows[J]. Transportation Research Part B: Methodological, 2019, 122: 511-527.

[122] YUE L, FAN H, MA M. Optimizing configuration and scheduling of double 40 ft dual-trolley quay cranes and AGVs for improving container terminal services[J]. Journal of Cleaner Production, 2021, 292: 126019.

[123] YUE Q, ZHOU S. Due-window assignment scheduling problem with stochastic processing times[J]. European Journal of Operational Research, 2021, 290(2): 453-468.

[124] ZHANG A, ZHANG W, CHEN Y, et al. Approximate the scheduling of quay cranes with non-crossing constraints[J]. European Journal of Operational Research, 2017, 258(3): 820-828.

[125] ZHANG D, CHEN F, MEI Z. Optimization on joint scheduling of yard allocation and transfer manpower assignment for automobile RO-RO terminal[J]. Transportation Research Part E: Logistics and Transportation Review, 2023, 177: 103256.

[126] ZHANG X, LI H, SHEU J B. Integrated scheduling optimization of AGV and double yard cranes in automated container terminals[J]. Transportation Research Part B: Methodological, 2024, 179: 102871.

[127] ZHANG X, LIN J, GUO Z, et al. Vessel transportation scheduling optimization based on channel-berth coordination[J]. Ocean Engineering, 2016, 112: 145-152.

[128] ZHEN L. Tactical berth allocation under uncertainty[J]. European Journal of Operational Research, 2015, 247(3): 928-944.

[129] ZHEN L, CHANG D F. A bi-objective model for robust berth allocation scheduling[J]. Computers & Industrial Engineering, 2012, 63(1): 262-273.

［130］ ZHEN L, HU H, WANG W, et al. Cranes scheduling in frame bridges based automated container terminals［J］. Transportation Research Part C：Emerging Technologies, 2018, 97：369-384.

［131］ ZHEN L, LIANG Z, ZHUGE D, et al. Daily berth planning in a tidal port with channel flow control［J］. Transportation Research Part B：Methodological, 2017, 106：193-217.

［132］ ZHEN L, WU Y, WANG S, et al. Green technology adoption for fleet deployment in a shipping network ［J］. Transportation Research Part B：Methodological, 2020, 139：388-410.

［133］ ZHEN L, ZHUGE D, MURONG L, et al. Operation management of green ports and shipping networks：overview and research opportunities［J］. Frontiers of Engineering Management, 2019, 6：152-162.

［134］ ZHENG F, MAN X, CHU F, et al. A two-stage stochastic programming for single yard crane scheduling with uncertain release times of retrieval tasks［J］. International Journal of Production Research, 2019, 57：4132-4147.

［135］ ZHOU C, LEE B K, LI H. Integrated optimization on yard crane scheduling and vehicle positioning at container yards［J］. Transportation Research Part E：Logistics and Transportation Review, 2020, 138：101966.

［136］ 边展, 李向军, 靳志宏. 基于规则模拟的堆场取箱作业调度［J］. 计算机集成制造系统, 2013, 10：2615-2624.

［137］ 陈超, 邱建梅, 台伟力. 出口箱随机入港下的码头泊位—集卡—箱区协调调度模型［J］. 交通运输工程学报, 2014, 14(6)：92-99.

［138］ 范厚明, 纪成恒, 岳丽君, 等. 装卸同步下自动化码头 AGV 与场桥联合调度优化［J］. 工业工程与管理, 2024, 29(1)：41-51.

［139］ 乐美龙, 刘菲. 基于 Memetic 算法的泊位和岸桥分配问题［J］. 武汉理工大学学报, 2011, 33(11)：66-71.

［140］ 李俊, 刘志雄, 张煜. 件杂货码头连续泊位调度与货场分配［J］. 交通运输系统工程与信息, 2020, 20(1)：175-182+221.

［141］ 李林蔓, 李雨青, 王孟雅, 等. 基于启发式规则的自动化码头换电式 AGV 调度优化方法［J］. 运筹与管理, 2023, 32(10)：9-15.

［142］ 梁承姬, 曹新全, 戴开梅. 考虑干涉的堆场全局场桥调度问题研究［J］. 科学技术与工程, 2014, 23：286-292.

［143］ 梁承姬, 吴宇. 不确定环境下集装箱码头泊位与岸桥联合调度［J］. 计算机工程与应用, 2017, 53(7)：212-219.

［144］ 米小亮, 杨星, 刘克中. 基于多级排队模型的锚地规模仿真研究［J］. 武汉理工大学学报（交通科学与工程版）, 2012, 36(3)：594-598.

［145］ 明力, 刘敬贤, 杨松. 基于排队论的内河港口水域锚位需求量计算方法［J］. 交通运输系统工程与信息, 2017, 17(3)：192-197.

［146］ 秦天保, 沙梅. 动态连续泊位分配问题的约束规划模型［J］. 工业工程与管理, 2013, 18(6)：27-31.

[147] 孙彬, 孙俊清, 陈秋双. 基于鲁棒反应式策略的泊位和岸桥联合调度[J]. 系统工程理论与实践, 2013, 33(4): 1076-1083.

[148] 王帆, 黄锦佳, 刘作仪. 港口管理与运营: 新兴研究热点及其进展[J]. 管理科学学报, 2017, 20(5): 111-126.

[149] 王诺, 沈铭棋, 刘忠波. 基于改进模拟植物生长算法的集装箱码头插船调度优化[J]. 运筹与管理, 2016, 25(6): 75-82.

[150] 王小华, 徐宁, 谌志群. 基于共词分析的文本主题词聚类与主题发现[J]. 情报科学, 2011, 29(11): 1621-1624.

[151] 吴迪, 王诺, 林婉妮, 等. 泊位—岸桥联合分配模型的模拟植物生长交替进化算法[J]. 交通运输工程学报, 2018, 18(3): 199-209.

[152] 徐亚, 杜玉泉, 龙磊. 支持多码头协调运作的泊位调度模型和算法[J]. 系统工程, 2015, 33(1): 128-138.

[153] 曾庆成, 胡祥培, 杨忠振. 集装箱码头泊位计划干扰恢复多目标模型[J]. 管理工程学报, 2013, 27(2): 154-159.

[154] 张新宇, 李瑞杰, 林俊, 等. Y形分叉复式航道船舶交通调度优化建模[J]. 大连海事大学学报, 2018, 44(2): 1-8+14.

[155] 郑红星, 刘保利, 董译文, 等. 考虑适时倒箱的进口重箱区多场桥调度优化[J]. 系统工程理论与实践, 2017a, 37(10): 2700-2714.

[156] 郑红星, 刘保利, 匡海波, 等. 考虑实时预倒箱的出口箱堆场多场桥调度优化[J]. 中国管理科学, 2018a, 26(9): 85-96.

[157] 郑红星, 刘保利, 王泽浩, 等. 考虑潮汐的多港池港口船舶调度优化[J]. 系统工程理论与实践, 2018b, 38(10): 2638-2651.

[158] 郑红星, 吴云强, 邵思杨, 等. 考虑潮汐影响的泊位分配与船舶调度集成优化[J]. 信息与控制, 2020, 49(1): 95-103+113.

[159] 郑红星, 徐海栋, 刘保利, 等. 单向航道船舶进港次序与泊位分配协同优化[J]. 运筹与管理, 2017b, 26(9): 37-45.

[160] 郑红星, 于凯, 李芳芳, 等. 考虑外集卡的混堆集装箱码头多场桥调度[J]. 计算机集成制造系统, 2014, 12: 3161-3169.

[161] 真虹. 港口管理[M]. 北京:人民交通出版社, 2009.

[162] 镇璐. 集装箱港口运作管理优化问题研究[M]. 北京:科学出版社, 2017.

[163] 镇璐, 诸葛丹, 汪小帆. 绿色港口与航运管理研究综述[J]. 系统工程理论与实践, 2020, 40(08): 2037-2050.

[164] 周鹏飞, 康海贵. 面向随机环境的集装箱码头泊位—岸桥分配方法[J]. 系统工程理论与实践, 2008(1): 161-169.